CASA POBLANA

CASA POBLANA

Marie-Pierre Colle Corcuera

Fotografía
Ignacio Urquiza

Investigación y textos:
Marie-Pierre Colle Corcuera
Eréndira de la Lama
Francisco Miranda

Dirección editorial:
Marie-Pierre Colle Corcuera

Coordinación de producción:
Carla Zarebska
Stacey Symonds

Diseño gráfico:
Martín Jon García-Urtiaga
Lucila Flores de Clavé

Cuidado de la edición:
Bertha Ruiz de la Concha

Asistente de fotografía:
René López

REVIMUNDO

MEXICO

© Segunda edición: Revistas del Mundo S.A. de C.V.
D.R. © Marie-Pierre Colle Corcuera, 1994
Queda prohibida su reproducción total o parcial sin la previa autorización del editor
ISBN 970-91350-1-5   Segunda edición: 1994
Impreso en Japón por Toppan Printing Company

Indice

Agradecimientos	9
Introducción	13
La casa indígena	39
La casa popular	61
La cocina	81
Las haciendas	97
El Virreinato La casa del siglo XVI	135
El Virreinato La casa del siglo XVII	149
El Virreinato La casa del siglo XVIII	167
Del neoclásico al *art-déco* La casa de los siglos XIX y XX	187
Glosario	219
Bibliografía	221

A Puebla
A mi hijo Eric
Al grupo literario de los jueves

Agradecimientos

En primer lugar quiero agradecer a mis amigos Maye de Milmo y Jorge García Murillo del Museo de Monterrey y a Ricardo Guajardo Touché que incondicionalmente apoyaron y patrocinaron la primera edición de *Casa Poblana*.

El gobierno del estado de Puebla facilitó esta investigación. Fue el doctor Sabino Yano quien realmente tuvo la idea del libro. Las vivencias de largas caminatas por las calles de Puebla, de día y de noche, descubriendo patios, rincones y vecindades fueron catalizadoras y actuaron en favor de esta obra. De no haber sido por él, mucho del sabor poblano no habría sido incluido.

Mario de la Torre, tan generoso con su tiempo, fue guía y asesor de *Casa Poblana* desde el principio.

Agradezco mucho el apoyo de Claudio y Ana Luisa Landucci, Miguel y Sonia Mancera, Mónica del Villar, Martha Levy, Héctor Azar, Lupe Pérez Rivero y Maurer; el grupo literario de los jueves, en particular, a Alicia Trueba, y a Guillermo Tovar y de Teresa, quien fue el primero en leer la introducción en Berlín.

Guillermo Grimm aportó asesoría en el concepto y entusiasmo en la realización.

El profesor Gonzalo Fernández Márquez me hizo descubrir la Casa de los Muñecos; los arquitectos Sergio Vergara e Ignacio Ibarra nos abrieron las puertas y ventanas de la arquitectura poblana, así como lo hizo la arquitecta Mary Vázquez.

Pasamos varias tardes en casa de José Ignacio Conde tomando café mientras nos hablaba de las viejas familias poblanas de los siglos XVIII y XIX.

El doctor José Luis Pérez de Salazar nos prestó libros importantes para la investigación. En su casa poblana de la Ciudad de México, cada objeto tiene su lugar y él nos mostró cómo tiene que defender su propio espacio entre ellos.

La señora Carmen Pérez de Salazar de Ovando nos permitió fotografiar un retrato familiar, así como un par de escritorios de marquetería de los que mi padre se había enamorado y gustaba acariciar.

La hospitalidad de Pablo y Lisette Maurer en el molino de Atlixco será inolvidable; siempre recordaré el sabor tan refinado de una taza de café en San Mateo.

Agradezco a María Eugenia Alvarez Murphy y a Gabriel Alarcón habernos dado acceso al espectacular Hostal de Velasco; a la Fundación Amparo, permitirnos fotografiar el museo del mismo nombre; a Alicia Araujo del Museo Bello, al profesor Roberto Reyes de la Biblioteca Palafoxiana y al Museo Bello Zetina.

La maestra María Elena Landa me introdujo en la casa popoloca, en el maravilloso bosque de órganos cerca de Tehuacán. Me hizo sentir lo poblano.

Javier Jiménez Brito brindó su apoyo y confianza a *Casa Poblana*. Gracias a él tomamos esas extraordinarias fotos de la casa de Reforma 517, espléndidos ejemplos de *art-nouveau* y *art-déco*, neogótico, neoclásico y romántico en Puebla.

Juan Rangel Muñoz y su hermana María Eugenia Rangel Muñoz nos hicieron vivir y revivir la casa del siglo XVII, con modificaciones *art-déco*, una de mis favoritas.

José Esteban y Lidia Chapital nos mostraron que las haciendas poblanas de ayer pueden ser el marco ideal para el arte y la ebanistería de hoy.

Doña María Luisa Velasco de Matienzo nos prestó accesorios, tuvimos el mismo privilegio en la magnífica casa del arquitecto José Antonio Romano y Laura Caso Menéndez. El señor José Cué nos brindó la mejor hospitalidad poblana.

Carlos Obregón y Cecilia Margaona nos hicieron descubrir el códice y el convento de Cuautinchán en la fiesta de muertos.

El arquitecto Manolo Mestre fue un apasionado asesor de este libro. Recorrimos Cuautinchán, Huejotzingo, Tecali y Tepeaca. Bettina Verut nos inició en las fiestas de San Francisco en Cuetzalan.

Agradezco a Eric Giebeler, Roberta Lajous, Cristina Gálvez, Yvonne Tron, Enrique Torres Septién, René López, Juana Cruz, Rosalba Ramírez, Olivia Aruesti, Aurora García, Nidia Esquivel de Galán, Michael Calderwood y Maki Winkelmann.

Martín Jon García-Urtiaga aportó su talento y experiencia en el diseño. Lucila Flores está presente en cada página, al igual que Bertha Ruiz de la Concha.

Doy gracias a todos los que nos permitieron fotografiar sus casas y que por falta de espacio no pudieron ser reproducidas.

Carla Zarebska y Stacey Symonds, fieles y apasionadas asistentes, pusieron su profesionalismo en la elaboración de *Casa Poblana*.

Eréndira de la Lama y Francisco Miranda hicieron una profunda investigación; con sentido del humor, paciencia y entusiasmo participaron en la realización de *Casa Poblana* desde sus inicios.

Agradecemos las facilidades que nos brindaron el CNCA- INAH del Centro Regional de Puebla y el Archivo General de la Nación.

Por último, pero no por ello menos importante, rindo homenaje a Ignacio Urquiza, a su sensibilidad, a sus excelentes fotografías. Juntos caminamos y exploramos el estado de Puebla. Quiero expresar mi enorme placer al haber trabajado con este espléndido equipo.

Marie-Pierre Colle Corcuera
Tepoztlán, enero de 1993

Introducción

Puebla de los Angeles no significa ciudad del mundo, suena a ciudad del cielo.

Félix de Jesús María

Cuentan que apareció una cruz extendida sobre Puebla y que los ángeles delinearon su arquitectura. "¡Maravillosa visión! ...Plantaban aquí, según medían allá, no tiene comparación con otras ciudades del mundo, alguna proporción tiene con la del cielo, viene a medida de la gloria, o los ángeles erraron la medida."

La historia de Puebla está llena de ángeles. Durante su construcción, la reina Isabel de Portugal vio en sueños unos seres alados que con cordeles trazaban el sitio. En 1603, una fuerte inundación devastó la ciudad. Dicen que, de noche, los ángeles recogieron el barro para que la gente no la abandonara. Años más tarde, para resolver una terrible sequía, brotó el agua en el cerro gracias al milagro de San Miguel Arcángel. Otra historia relata que subieron a la torre de catedral la campana María, rota dos veces en el intento. "Llora campana de bronce, llora campana María, que en tu tañido se escucha la voz de Motolinía."

En Puebla existe una leyenda acerca de esta catedral, según la cual, mientras se construía el edificio, su altura aumentaba por la noche tanto como el trabajo de los albañiles la había hecho crecer durante el día. Decíase que aquello era obra de ángeles y por eso se ha dado a la ciudad el augusto nombre de Puebla de los Angeles.

Puebla se fundó el 16 de abril de 1530 a instancias de los frailes menores, con una intención bien precisa: ser un experimento social y político, una ciudad española para los españoles, en contraste con Tlaxcala, de origen indígena. Pocos lugares ofrecían tantas ventajas. La ciudad era un alto en la ruta de Veracruz a México y contaba con un gobierno propio dirigido por un consejo de vecinos. Los poblanos fueron ganando privilegios, se les concedió exención de impuestos por treinta años, y de alcabala y almojarifazgo por cien años.

La traza de la ciudad corresponde al ideal renacentista español, con calles tiradas a cordel cruzadas en ángulo recto hacia los cuatro vientos cardinales. En las afueras quedaron los barrios indígenas donde se concentró la mano de obra.

Plano de la ciudad de Puebla por José Mariano de Medina, 1754. (Archivo General de la Nación)

Derecha: En el corredor del convento de la Concepción, el ritmo de las arcadas con sus columnas toscanas.

Los primeros frailes fueron los franciscanos, los secundaron agustinos y dominicos. Para 1606 había ya treinta conventos, instituciones de caridad, de retiro, hospitales, iglesias y colegios. Ciudad segura, comunicada y con buen clima, se constituyó en capital de la intendencia de Puebla, la más grande de la Nueva España, que se extendía desde el Golfo hasta el Pacífico. Era también sede del obispado de Tlaxcala, que incluía a Veracruz y llegaba hasta Tabasco.

Casi desde su fundación fue la segunda urbe del reino y primera por sus manufacturas. Su grandeza se debe en gran medida a don Juan de Palafox y Mendoza, quien llegara a principios del siglo XVII para hacer una auditoría al virrey. Luego se convertiría en obispo de Puebla, obispo de México, inquisidor mayor, virrey de la Nueva España y capitán general de Guatemala. Fortaleció el clero secular, fundó los seminarios, la biblioteca que lleva su nombre, y construyó la Catedral.

Detalle del códice tolteca-chichimeca de Cuautinchán, siglo XVI, en náhuatl, donde se aprecia un petate por cama y un equipal por silla.

En contraste con la ciudad de Puebla, donde la tradición y costumbres son españolas, la población indígena se revela en los pueblos y fiestas de la provincia. Encontramos la huella del mundo prehispánico en Huejotzingo, Tepeaca y Cuetzalan. Cholula fue siempre una ciudad sagrada, varias culturas la hicieron sede de sus templos. A la llegada de los españoles la habitaban los toltecas, y la pirámide ya no era lugar de culto. Los frailes llenaron Cholula de cúpulas y cruces; en el siglo XVIII se edificó la capilla de la Virgen de los Remedios en la cima de la pirámide.

Hospitalidad poblana es una campesina de Epatlán que le ofrece al viajero un plato de frijoles de olla de su propia cosecha, con tortillas recién echadas y tamalitos pintados, de mole, dulce, y rajas, envueltos en totomoxtles. La casa indígena conserva su alma prehispánica, su centro es el fuego. Las brasas siempre encendidas son símbolo de la continuación de un ciclo vital.

La pirámide de Cholula es la más alta de Mesoamérica. En la cúspide, el templo de Nuestra Señora de los Remedios.

El clima y los materiales del lugar son los arquitectos. En la zona de Tehuacán, la casa popoloca tiene paredes de bajareque, rodapié de piedra y techo de paja, con sus salientes que sirven de respiraderos para que escape el humo. A un lado hay un cuescomate, olla gigante levantada del piso, para almacenar el grano. En la zona de Molcaxac, la casa es de piedra blanca. En la sierra, hacia Cuetzalan y Zacapoaxtla, el techo es de tejamanil. Bajo el alero que lo cobija de la lluvia, el pórtico tiene el muro cubierto de macetas y plantas, un jardín crece en las paredes. Un visitante del siglo XVII nos cuenta que la zona de Izúcar "es tierra muy caliente y así son las casas de los indios, fabricadas de cañas macizas, les entra el aire por doquiera y venga, que casi podemos decir que son jaulas más que casas".

La vivienda indígena aceptó la influencia española, creando un estilo híbrido. Aparece la piedra tallada, el adobe se combina con aplanados, vigas, pórticos, ventanas y puertas de madera. Así en Cuetzalan, las casas llenas de colorido tienen el patio central rodeado de un corredor, y un segundo piso de madera con balcones y techo de teja.

La armonía de la casa indígena de la zona central con el paisaje refleja la apacible vida del campo.

Derecha: Camino a Tetela de Ocampo, los cruceros de Semana Santa.

La hacienda poblana tiene construcciones inmensas, a las que corresponden grandes extensiones de tierra. Fue erigida para necesidades concretas, de acuerdo con la producción: triguera, pulquera, ganadera o azucarera. Los grandes ingenios de Izúcar de Matamoros como La Galarza, Colón o San Nicolás Tolentino reunían en una misma propiedad los aspectos agrícolas e industriales con el trapiche, desarrollaron toda una tecnología para el transporte y procesamiento de sus cosechas. La zona de Atlixco destacó por el cultivo del trigo convirtiéndose en el valle más rico en molinos, como el de San Mateo. El valle de Puebla, irrigado por el agua de deshielo de los volcanes, fue el granero de la Nueva España. La vida de la hacienda se inició en el siglo XVI, se consolidó en el siglo XVII y para el siglo XVIII alcanzó cifras de producción sin precedentes. En el siglo XIX se adoptó la mentalidad industrial capitalista.

El ingenio de El Rijo tuvo su auge en el siglo XIX.

Al principio la arquitectura fue sencilla: trojes, naves y corrales alrededor de un patio. Las familias pasaban ahí la mayor parte del tiempo y al ir acumulando riqueza pusieron en su casa comodidades y lujo. Se abandonó el esquema de fortaleza y se añadieron arcadas, corredores, balcones, cornisas y fuentes de cantera. Los oratorios pasaron a ser capillas y en algunos casos verdaderas iglesias. En el siglo XIX, con el auge económico que trajeron el ferrocarril, los viajes y el intercambio con el exterior, llegaron una serie de influencias variadísimas. El gusto ecléctico se hace notar entonces en construcciones que imitan y adoptan de aquí y de allá neoclásico, romántico, mudéjar, neogótico, convirtiendo las casas principales de las haciendas en palacetes que hacen añorar los castillos ingleses, franceses o Miramar. En este tiempo se remodelaron Ozumba y San Antonio Chautla.

El azul añil da fuerza al arco de una troje cerca de Atlixco.

Páginas siguientes: Penachos de danzantes quetzales en la fiesta de San Francisco en Cuetzalan.

Puebla es cruce de caminos y rutas de sueños, alto obligado para respirar el aire mexicano. La ciudad es leyenda de hosterías y mesones. Es orgullosa de su propia historia: comerciante, formal y religiosa, celosa de su tradición y sus modales; hospitalidad que remonta a sus inicios, desde el mesero, la marchanta, las familias hacendadas. Nos encontramos frente a grandes portones y rejas de hierro, pero se abren con facilidad.

Los conventos, desde el siglo XVI, cumplían las funciones de alojamiento de sacerdotes y monjas, eran hospitales y albergues, escuelas para impartir la fe, los oficios y las artes. Necesitaban grandes cocinas. En Puebla las más famosas son la del convento de Santa Mónica, en donde nacieron los chiles en nogada, platillo barroco por excelencia, y la de Santa Rosa, donde en 1700 se inventó el mole. El obispo Manuel Fernández de Santa Cruz pidió un guiso especial para el virrey, en el que se amalgamaran lo mexicano y lo español. Sor Andrea de la Asunción encontró el elemento mexicano en el chile, y el español en la almendra. Añadió algo dulce para que los comensales no se enchilaran: el plátano macho, el chocolate y las pasas; el ajonjolí y el cacahuate lo hicieron más espeso, luego le añadió comino, clavo y canela para el buen sazón. Todo guiso mexicano lleva cebolla, ajo y jitomate; en total los ingredientes resultaron dieciséis. Al final, Sor Andrea se dio cuenta de que el mole iba a ser muy pesado y agregó el anís y la tortilla quemada como ingredientes digestivos.

Dicen que el dulce poblano es inspiración de los ángeles. La influencia mudéjar se refleja en sus formas y nombres: alfajores y alfeñiques. También hay conchas, chilindrinas y cocoles, jamoncillos, trompadas, muéganos, natillas camotes y canelones, el licor de cascarita de naranja, los "mosquitos", el rompope, papel picado, dulcerías que enmarcan de tul la imagen del Sagrado Corazón. "Puebla la de los camotes, y almendrado mazapán, que amasara entre sus manos Catarina de San Juan."

En cada cocina hay ollas y cazuelas atoleras para cocer los frijoles, hervir la leche, calentar el agua, hacer el arroz, servir el mole. Las aguas frescas se vierten en jarras de vidrio verde pintado. Sobre el poyo de azulejos se encuentran el metate junto a la masa, los vitrioleros y el molinillo del chocolate. Arrieta atrapó ese sabor en sus pinturas. Son momentos para asomarse y esperar que el loro no le arranque la envoltura a los dulces.

La exhacienda de San Agustín al pie del Popocatépetl. El Iztaccíhuatl, la Malinche y el Citlaltépetl son los otros volcanes que cobijan el valle poblano.

Hay un paralelismo entre las formas que encontramos en la arquitectura y la cocina. Multitud de ingredientes, sobreposición de elementos, coloridos, texturas, sabores, la Casa de Alfeñique, turrón, pastel de quinceañera, estuco de los relieves, dinteles y jambas, columnas retorcidas, rojo y amarillo en los muros, salsa con crema.

Puebla es una ciudad de fuertes contrastes y severo carácter colonial, muy española, con un sello morisco inconfundible. Vista desde el fuerte de Loreto es un sol en tierra de montañas, mosaico policromo de techos planos y cúpulas de media naranja salteadas de barro y talavera; es una oración al cielo, un canto mudo de piedra y de historia.

La imaginería del ultrabarroco andaluz encontró, al trasladarse, terreno fértil. Combinó la fantasía, cupidos, conchas, crestones con flores, columnas retorcidas y genios alados para producir grandiosos retablos y fachadas, churriguerescas en Tonanzintla, San Francisco Acatepec y en la célebre capilla del

En el azulejo de talavera, el sol brilla en la torre de San Francisco Acatepec.

Derecha: Capilla de Tonanzintla el ejemplo más representativo del arte churrigueresco en la Nueva España.

Rosario. En el mueble, son los motivos no figurativos de la marquetería poblana, con sus estrellas, ángulos quebrados, contraste de maderas tropicales, hueso y marfil.

Puebla es un huerto. Al principio se trasplantó una cultura de raíces andaluzas. La tierra y semilla indígenas de la mano de obra le dieron forma. El tiempo fue injertando ideas orientales y europeas pero al fin y al cabo la flor que resultó es mexicana, típicamente poblana.

En Puebla existió el deseo de crear un tipo distintivo que rivalizara con el de la Ciudad de México. Las fachadas se cubrieron de cerámica y barro. Con la disposición de cuadrados y rectángulos nacen el petatillo y el ajedrezado.

El azulejo poblano comenzó al introducirse la industria de la cerámica vidriada por alfareros castellanos originarios de Talavera de la Reina. De Oriente aprendió los motivos geométricos y florales estilizados, el azul sobre blanco, luego se agregaron el amarillo, el verde y el rojo óxido. Jamás estridente, revela el secreto de las armonías cálidas y reservadas.

La arquitectura refleja el estado espiritual del hombre. La ciudad es el taller de los seres que la habitan, las fachadas recuerdan los lomos de libros en una biblioteca, cada casa es una historia, una genealogía, un momento. Unas revestidas de piedra Chachapa, otras de ladrillo de Cholula, cal del cerro de la Calera y arena del río Atoyac. Las casas señoriales despliegan la ornamentación en pórticos, jambas, antepechos y tracerías de argamasa. Hay muros de "limosna", que combinan restos de barro, piedra y adobe.

Desde el siglo XVI existían casas con un segundo piso. Estas ocuparon los predios que rodean el zócalo, asignados a los conquistadores en el momento de la fundación. Si bien al principio fueron construcciones sencillas, se adoptaron los elementos mudéjares del patio y las rejas de cajón, y se fueron aderezando con detalles en piedra labrada. Los mejores ejemplos de la época son la Casa del Deán y la Casa del que Mató al Animal, con su magnífico relieve en el pórtico.

Durante el siglo XVII Puebla conoció un auge sin precedentes entre las ciudades de la corona española. La riqueza de la industria de manufacturas se manifestó en las casas señoriales que dieron a la villa su rostro actual. Proliferaron los solares o casas solas, el tipo de casa habitada por la burguesía. La traza se desarrolla en dos pisos, las piezas están construidas alrededor de

Entre hierro forjado, argamasa, piedra, talavera multicolor, sobre un muro ocre, se da el estilo poblano en el patio de la 5 Poniente y 2 Sur.

un patio cuyos corredores, llenos de jaulas y tiestos de flores, dan a las mismas ventilación y luz. Un segundo patio servía para caballerizas y pajares. En la planta baja estaban las intendencias, oficinas y tiendas, habitaciones para la servidumbre y, en el piso superior, la residencia familiar. Algunas piezas de abajo se comunicaban con las que tenían en alto, dando el sistema de tienda-habitación. En la planta superior ocupaban un lugar muy importante el oratorio y la cocina. Casi siempre el patio tiene una caja de agua, a veces una fuente.

En las casas del siglo XVIII aparece el pegostre, técnica que emplean los albañiles poblanos para preparar la argamasa de la mejor calidad. Molduras y paramentos pintados de blanco contrastan con el barro. Corredores volados sobre molduras, arquerías,

Infinidad de estilos y gracia tienen las puertas poblanas.

refinamiento y buen gusto. Los hacendados de las regiones vecinas construyeron en la ciudad casas que resultaron un despliegue de elegancia.

Hubo en Puebla una importante influencia europea durante el siglo pasado. Conservadora desde siempre, vio con buenos ojos la llegada de los franceses, las ideas monárquicas y el gusto porfiriano por las importaciones de ultramar. En este periodo Puebla conoce un renacimiento después de las guerras de Independencia, Intervención y Reforma que habían disminuido la producción y el comercio. Sólo la estabilidad política trajo de nuevo el desarrollo industrial, las fábricas y maquinaria modernas.

La arquitectura reflejó este auge. Llegaron arquitectos franceses e ingleses, se remodelaron al gusto neoclásico algunos

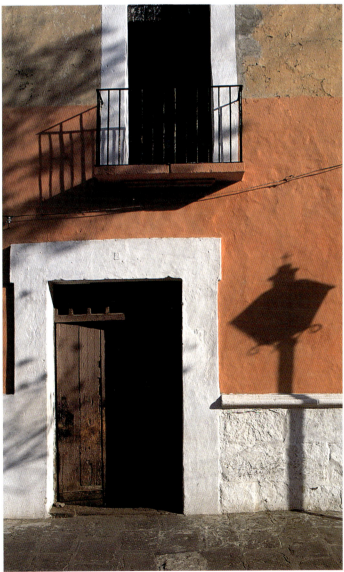

edificios anteriores. Vemos casas del siglo XVII en las cuales sólo se respetó la estructura. La casa poblana sigue siendo espaciosa, pero el gusto de Francia se revela en cornisas, remates, columnas, escaleras y adornos que la transforman. Algunos patios se cubrieron con techos de cristal y emplomados. Fue el tiempo de las grandes obras públicas, de los palacios administrativos. El estilo poblano a la europea se integró en la tipología poblana, y hoy le da su sello a la ciudad.

Los interiores de la época son espléndidos. Las casas se redecoraron con candiles, espejos, mármoles y estatuas que dieron un aire de grandeza a los espacios de recepción. La elegancia de las familias poblanas, que vivían a la francesa, creó una manera de vivir muy propia donde lo mexicano no dejó nunca de estar presente. Puebla, ciudad criolla por excelencia, es un gran ejemplo del mestizaje cultural. No es difícil imaginar lo que debió haber sido subir por esas grandes escalinatas para ser recibido con una taza de chocolate y dulces de colores, o los trajes a la última moda que se lucían jueves y domingos en la serenata del paseo por el zócalo.

El poblano vive hacia adentro, pero sin perderse lo que viene de afuera. Defiende orgullosamente su tradición, su estilo de vida, y a la vez adopta, recoge y devuelve una versión poblana. La casa se habita, preserva, comparte y respeta. Hay un sentido de competencia que se nota en la arquitectura. Las casas son muy decoradas, pueden llegar a la ostentación; es el deseo de demostrar "ese ser diferente". Son abigarradas colecciones de objetos, llenas de contraste y horror al vacío.

Puebla es una monja. Golosa, sensual, coronada de flores moldea entre sus manos miniaturas de migajón, azúcar y cristal... Encerrada tras sus rejas, intrigas y plegarias, adivina el eco de las historias de afuera y se inventa la propia.

Las manifestaciones externas de la religiosidad se multiplican. No hay casas sin cruz, algunas tienen oratorio, no falta la bendición papal. Están dedicadas y bajo la protección del Sagrado Corazón, San Miguel, santo patrono de Puebla y la Virgen de Guadalupe. Las creencias se entretejen con la vida cotidiana, en el Día de Muertos, los bautizos o las procesiones. "¡Piadosa ciudad! ¡Religioso pueblo! ¡Verdadera Puebla de los Angeles!"

Los ángeles churriguerescos de la capilla del Rosario sostienen el águila, símbolo de San Juan el evangelista, en sus muros recubiertos de escayola, estofado y dorado.

Mi bisabuelo, Sebastián de Mier Almendaro, embajador de México en París durante el Porfiriato, era poblano. Un poco por él o gracias a él, nací en Francia. Pero tuve ganas de caminar, descubrir y reencontrar mis raíces poblanas. Voy mucho a Puebla, amo su arquitectura, soy golosa de sus platillos.

Para mí el estilo poblano es lo alegre, imaginativo, suelto, coqueto, femenino en su adorno, tiene la gracia de ser propio y pedir prestado de todas partes.

Estilo poblano es ese romanticismo lleno de sueños del viejo mundo que el ingenio popular transforma en invenciones sobrepuestas, es sentarse en un salón decorado con paneles de marfil y oro, candiles de Baccarat reflejándose en lunas traídas de Bélgica. Es el caer del agua de una fuente afrancesada en el patio colonial de un molino triguero. Es un corredor de mármol de Santo Tomás, el dintel y la jamba azul añil contra el rojo del aplanado, es un balcón de hierro forjado del siglo XVII. Son el amarillo de Atlixco, el azul de Chietla, el gris cálido de la cantera labrada salpicada de azulejo. Los colores de Puebla se hacen más intensos después de las lluvias, brilla la talavera, se oscurece el ladrillo, se lavan las marquesinas. Estilo poblano son los altares de muertos de Huaquechula, de piso a techo, de cuatro niveles de satín blanco con encajes, angelitos, papel picado, veladoras y copal, fruta de la estación, pan de muertos, ollitas y chocolates, refrescos y tequila. Es una amplia escalera de piedra, es encaje que filtra la luz, es un piano cubierto con un mantón de Manila, son candelabros de cristal, es una lámpara de latón repujado y flecos rosas. Es la bicicleta con tambos de hojalata que reparte leche por las calles, son los ojos pícaros de los niños de Cholula, los ángeles churriguerescos de la capilla del Rosario, la ingenuidad de los de Tonanzintla. Es la Casa de Alfeñique, sobremontada de una cornisa que parece de azúcar; es la de los Muñecos que en sus azulejos cuentan las hazañas de Hércules; es la de los Cañones, recuperados de un buque cuando su capitán se fue a vivir a Puebla. Es el comedor neorrenacimiento con la mesa puesta de mantel blanco bordado para los trece hijos de la familia. Son banderas mexicanas clavadas en un muro de adobe o en un nopal, son balcones decorados de palmas y listones patrióticos en Izúcar de Matamoros. Son los ingenios de El Raboso, Colón, La Galarza y El Rijo, así como el acueducto de piedra y tabique con arcos troquelados de San Nicolás Tolentino. Son órganos cente

Recámara circular de la casa de las señoritas Cabrera en la Reforma, con cama de latón y mobiliario de nogal tallado.

narios que apuntan al cielo en Las Bocas, en Zapotitlán de las Salinas. Es *Arráncame la vida* de Angeles Mastretta, es el chisme en los portales, son los nevados, es el azar en el teatro de Héctor Azar. Es el sol de azulejos del dieciocho en la iglesia barroca de Tlaxcalancingo, son las columnas salomónicas revestidas de azulejos en San Francisco Ecatepec. Es un torito de fuego para la fiesta patria de Calmeca, pueblo mixteco de diestros e imaginativos cueteros, bravos por tradición. Son pavorreales pintados al fresco en el plafón de una casa de la Reforma. Es una columna de mármol en el centro de una recámara, con un florero de azaleas y rosas artificiales. Son mujeres del pueblo cesteando bucólicamente en el poyo de una tienda. Es un patio barroco, florido de escayolas y estípites, es un San Sebastián enmarcado de argamasa que protege un pasillo abierto. Es el mesón que ahora es vecindad; el volcán de la Malinche, la que manda lluvia. Es un Cadillac negro de 1941, guardado en un magnífico patio colonial, al que se pasa el plumero antes de salir de viaje. Son cortinas cruzadas de gasa recogidas con listones de seda rosa. Son los voladores de Cuetzalan, el cinco de mayo en Puebla, las fiestas de Atlixcayótl en septiembre. Son los campos de cempasúchil y de "cordón de obispo" en tiempo de muertos, es la leyenda de la china poblana sin olvidar la nao de China, ni a la marquesa Calderón de la Barca. Es abrir una ventana con cristales biselados y grabados al estilo *art-nouveau*: en los que dan a la calle vuelan golondrinas, los del patio se llenan de mariposas. Es una ciudad donde los pájaros son canarios. Es talavera, ladrillo y talavera, talavera y ladrillo. Los ángeles habitan la ciudad, los de carne y hueso, los de cantera, los de bronce que rodean la catedral, los de dulce, los de madera dorada, son querubines que lloran y serafines sonrientes.

Capilla del ingenio de San Nicolás Tolentino, en Izúcar de Matamoros.

La casa indígena

En la región de Oriental, la casa indígena es de piedra y paja, con bardas de órganos, magueyes y nopales.

Cinco mil años antes de Cristo se origina el cultivo del maíz en el valle de Tehuacán, cuna de la cultura sedentaria mesoamericana. Por su geografía, fue el camino obligado de aquellos que emigraron a las ciudades-estado de la época clásica en el mundo prehispánico. Por aquí circularon los olmecas-xicalancas, los mixtecos y los popolocas, tres de los principales grupos que dominaron la región. Cholula se convertiría en uno de los grandes centros ceremoniales, confluencia de varias culturas.

La casa indígena es de lo que Dios provee. Se construye con los materiales de la región, de acuerdo con los valores culturales de la etnia, tradiciones ancestrales conservadas desde la época prehispánica, para albergar en su interior a una familia. En la única habitación, el fogón es el centro. Los muros no tienen ventanas, para impedir, según se escucha, que por las noches entren con los aires las influencias mágicas.

De acuerdo con el clima y la zona, se levantan cuatro tipos de casas, en la Sierra, la Mixteca, la zona popoloca y el valle de la zona central.

Al oriente la Sierra colinda con Veracruz y al poniente con Hidalgo. Es la zona montañosa que abarca el norte del estado y está habitada por tres grupos indígenas: otomíes, nahuas y totonacas. Sus viviendas son similares, de planta rectangular, en general de madera, porque la zona es húmeda y boscosa; a veces se agrega la piedra o el adobe. Las paredes, construidas con tablones rústicos, forman un huacal con cuatro morillos sobre los que se apoyan las tablas en forma vertical. Se deja abierta una puerta y, en raras ocasiones, una ventana y un pórtico. El techo es de paja o de viga con teja de media caña, tradicional o marsellesa. En las zonas más aisladas, lleva una cubierta de tejamanil, madera delgada que se sobrepone a manera de laminilla. Nunca faltan sobre la fachada las latas de donde cuelgan plantas de ornato, orgullo de sus habitantes, jardín gozoso en las paredes. Ahí siembran su botiquín: glosíneas, violetas, crotos, yerbabuena y epazote, la ruda para el aire, jaulas de pájaros y flores que desde tiempo inmemorial alegran la vida cotidiana, canto, música, y color.

En la serranía de Cuetzalan, en Santiago, se encuentran desperdigadas las casas totonacas de piedra o adobe con techo de madera y teja.

Dentro de este hogar de una sola habitación hay un lugar importante: el altar familiar, repisa donde conviven los santos patronos, retratos de los ancestros, flores de papel, de plástico, veladoras y enseres domésticos. La estancia no tiene más menaje que esa cama que sirve para el descanso de la familia, cubierta con un sarape. El cofrecito en que se guarda la ropa es el lujo de la casa. De madera olorosa, tiene un espejo interior pintado de ángeles y margaritas.

El maíz se almacena en un zontle, al interior, esquinado y envuelto en petates o atado de mazorcas. Afuera, se usa el sistema español del hórreo, caja de madera alzada del piso sobre cuatro postes y cubierta de tejamanil, que sirve para proteger el grano de la humedad.

Al entrar en la habitación indígena, el altar guarda los afectos por los ancestros y las creencias; es el mundo religioso prehispánico, el sello cristiano y la presencia de los muertos anidados en la vida cotidiana. En torno al hogar se habita en contacto con la tierra; un canto de vida emana y sensibiliza.

Derecha: El cuescomate o zontle, granero para la mazorca de maíz en Calmeca, zona mixteca.

Izquierda: Dos ejemplos de casa serrana en Cuetzalan, de madera con techo de teja o asbesto.

Derecha: Tejido de una palapa en la zona mixteca.

Páginas siguientes: La poesía de las fiestas patrias en San Nicolás Tolentino, en un muro de nopales con banderas entreveradas.

La generosidad de la naturaleza se refleja en los enseres del mundo indígena, en una cuna de madera, un morral de ixtle, un muro de penca de maguey y petates de palma.

La Mixteca es la zona árida y pobre, que colinda con Guerrero y Oaxaca. La población se agrupa en pequeños valles aislados. Los primeros asentamientos mixtecos datan del 600 a.C., cuando se establecieron las primeras culturas sedentarias. La casa característica de la región es el jacal de varas o cañas de carrizo, anudadas con ixtle, cordel de fibra natural de la mata de la pita. Parecen jaulitas techadas de paja de arroz o zacatón. En el alero cuelgan cestas y morrales. Los mixtecos duermen sobre petates y usan pequeños bancos de sección de troncos. El fogón, rodeado de sus tres piedras, habita un rincón; el humo circula entre los carrizos, el aire atraviesa el jacal. El grano cuelga del techo, atado con la hoja del maíz, o está afuera, en el cuescomate, olla de barro cocido y varitas tejidas como canasta, cubierta con un sombrero de paja para que no se meta el agua.

Cocina mixteca donde doña María prepara los tamales.

Derecha: Palapa de carrizo y sotolín rematada por una maceta de barro, elemento que sirve como ornamento y protege el arranque de la palapa.

La palma tejida, el barro y las varitas se reúnen en la aldea mixteca cuando entre todos construyen el jacal para los recién casados. También se levanta una palapa, sitio de reunión para platicar y tomar el fresco, cerca del huerto, bajo la enramada del lavadero. Todas las faenas se realizan en ese patio circundado de órganos o barda de carrizo. Se desgrana el maíz, se prepara la palma, se teje, juegan los niños con el perro somnoliento.

Los mixtecos son joviales y tranquilos. En medio de su estrechez son buenos anfitriones, listos para compartir con el visitante un plato de frijoles, tamalitos de colores y tortillas recién echadas. La puerta está abierta. Es de lámina, resorte de colchón, palos pintados, cartón prensado...

La zona popoloca abarca los distritos de Tecamachalco, Tepeji y Tehuacán. Es también árida y proliferan las cactáceas. Esta tierra es de origen geológico submarino, lo que explica la piedra caliza de los muros, cortada en lajas acomodadas a hueso, sin argamasa.

La casa popoloca es más grande que la mixteca o la serrana, su techo es más alto, con dos aguas cubiertas de palapa de sotolín silvestre. El caballete que lo soporta semeja en sus extremos un par de orejas por donde escapa el humo.

"Al dormir en un petate, en el suelo, el cuerpo recibe la pureza de la tierra", dicen los lugareños. Tienen su tecuil hecho de temanaxtle, piedra volcánica de la barranca. Fabrican grandes comales para las tortillas y un cuescomate igual al mixteco.

En Molcaxac, la casa de piedra caliza a hueso con techo de paja.

Derecha: Puerta popoloca de madera de mesote, más un símbolo que una barrera.

El temascal, baño de piedra en náhuatl, es de forma redonda como un horno de pan. El interior se calienta con leña y, cuando la piedra llega al máximo de calor, se rocía el agua para producir un vapor instantáneo. Una mujer que ha dado a luz recibe este baño ritual con yerbas aromáticas.

Otro tipo de casa popoloca es la de vara con barro aljahuetcado. Se arma un jacal y se le pone una especie de lambrín a media altura, de barro entretejido, entre el carrizo y las varas, para aislar y darle solidez a los muros.

En el pequeño pueblo de Tequistepec, los muros de las casas son de penca de maguey. Parecen flores invertidas. La estructura es de mesote, órgano seco al que se le cosen las hojas con cuerdas de fibra natural.

Izquierda: El maguey deshidratado resulta un aislante ideal para la zona.

Las "orejas" del techo dejan escapar el humo del tecuil.

La cuarta región corresponde a la parte central del valle poblano. Son poblaciones aledañas a las ciudades de Puebla, Cholula, Calpan, Huaquechula, Atlixco y Tecalli. Aquí las casas son de adobe o de piedra. Las de adobe tienen diferentes características, en algunas zonas los bloques son pequeños, se dejan secar, y después se pegan con el mismo barro. En las juntas se acomodan pequeñas piedras para darle fuerza, lo que llaman rajueleo; en otras zonas como en Calpan, se hacen verdaderos muros y bardas con los adobes hechos en el lugar.

El tiempo y la imaginación transforman el adobe.

La zona de Cholula y Huejotzingo es fértil, se dedica a la agricultura, y las casas de adobe tienen techos de teja o de lámina. Aunque son de una sola habitación, su interior es más completo. Algunas tienen temascal. En la zona de la Malinche, el grano se almacena en hórreos; en los alrededores de Cholula, Huejotzingo y Calpan encontramos en los patios el silo de barro cocido, llamado cencali, que quiere decir casa del maíz.

En los patios cacarean los pollos, corren las chivas, los cerdos, patos, gallinas, guajolotes y uno que otro ganso. En esta región se siembran frutales, maíz y hortalizas. La floricultura es una de las principales actividades de Tonanzintla y Cholula.

Barro contra barro en una casa del Altiplano.

Derecha: Cencali para almacenar el grano en un traspatio de Cholula.

La casa popular

*Yo tengo en un azulejo, de talavera poblana,
el retrato de mi madre, de mi novia y de mi hermana.*

José Reseck Saade

Fiesta. Las calles se visten de júbilo, color y carcajadas. De las montañas bajan como ríos, nahuas, otomíes y totonacas, en sus mejores galas. Es el 4 de octubre, San Francisco en Cuetzalan, feria del café y del huipil; raíces prehispánicas y españolas que recuerdan el quetzal con su plumaje colorido. El pueblo se convierte en el centro de un mundo de sueños enmascarados. En las calles empedradas que conducen a la plaza principal, los balcones están decorados, la iglesia se ha revestido de flores y rosetas de corazón de palma. Moros y cristianos danzan los Santiagos en medio de un revuelo de disfraces y capas. El bullicio es constante, corren los niños, los vendedores acarrean sus mercancías de aquí para allá mientras se prepara el baile de los Negritos, en el que la Mainguilla, un joven vestido de mujer, hará el papel de la Malinche. De un puesto a otro se reparten sombreros, las marchantas llevan su quexquémil engalanado con un listón de color alrededor del escote y cintas trenzadas en el pelo. Los hombres van por un traguito de yolispa, bebida de la región, con dieciséis yerbas aromáticas. Empiezan a agruparse los quetzalines, a ajustar sus tocados, la tambora cede un silencio para sus chirimías y teponaxtles. Los voladores llegan a Cuetzalan, son los mejores danzantes de Totonacapan, celosos guardianes de esta tradición de origen

Rosetones de corazón de palma y orquídea silvestre adornan la fiesta popular.

religioso y astronómico. Siguen al mayordomo en el ascenso del asta. Concentración y espera que culminan con el momento en que se lanzan a los cuatro vientos, en el mismo giro de aquellos que, según cuentan, salieron volando para siempre.

    La fiesta es antigua costumbre, color y música embriagan los sentidos. Septiembre es el mes de Atlixcayótl, la festividad de danzas autóctonas en Atlixco. En ella se reúnen grupos de todas las regiones del estado en una demostración de orgullo por el pueblo que les dio la vida.

    Para las fiestas patrias en Izúcar de Matamoros, los balcones se decoran con palmas, listones, banderitas. El quince de septiembre hay mariachis, un gran ¡viva México! y un castillo de fuegos artificiales de Calmeca. Las tostadas también son patrióticas, con lechuga, cebolla y jitomate.

Niños quetzales voladores caminan por las calles de Cuetzalan el día de San Francisco.

Derecha: Mujeres nahuas se dirigen al concurso del huipil.

Para la fiesta de muertos hay que ir a Huaquechula. Las puertas están abiertas a todos. Pan de muerto y un hospitalario jarro de chocolate en agua para el caminante que recorre la fiesta. Los altares son blancos, femeninos, poblanos. Llegan hasta el techo, de cuatro pisos recubiertos de satín, tules y encajes, angelitos, veladoras y copal, cempasúchil, flores de papel y de plástico. Cuando el muerto es de ese año, una vereda de pétalos comunica su altar hasta el panteón. Mole, galletas y ollitas rodean el retrato de doña Elvira Castro. Parece que la magnitud del retablo midiese la estimación que al difunto y a la casa le tienen los ahijados, compadres y amigos que vienen a dejar una cera y a cantarle al muertito sus corridos. La familia participa todo el año para hacer el mejor altar. Es la fiesta de la muerte para recordar la vida.

Cempasúchil para las fiestas de muertos.

Derecha: Altar de muertos al pie del Cristo en hoja de maíz. Convento de Cuautinchán.

Izquierda: Los tejados se acercan en una calle de Cuetzalan.

La alegría de los cuetzaleños se refleja en sus casas.

La vivienda popular es sincera. Está hecha sin diseño ni proyecto, crece con las necesidades; según los recursos se adosan habitaciones aquí y allá. Jamás terminada, constantemente modificada, es la casa que habla de las costumbres del hombre común. Todo en ella es lógico y a la vez flexible, así el poyo de una tienda sirve para la mercancía, las aguas frescas o para sentarse. Es una caja de sorpresas, de soluciones nada obvias que producen rinconcitos, nichos y escaleras llenas de sentido común. Va más allá de la pobreza o de la ingenuidad. Añade al sentido práctico lo poético; en la simplicidad están la dignidad y la nobleza. La casa popular es un manual de la ausencia de reglas. De color se pinta para divertir, es una cuestión de sentido del humor que hace de los callejones un caleidoscopio. Todo tiene la proporción justa que nace de la espontaneidad. Son casas coquetas, donde el arreglo y el adorno cuentan mucho. Una está llena de flores, otra de macetas y jaulas con canarios, aquella otra tiene un árbol para dar sombra al patio.

Izquierda: Plástica mexicana en la habitación de una casa popular del siglo XVII en Huejotzingo.

Una ventana en Santiago Yancuitlalpan.

La sencillez de los colores pastel predomina en Zacapoaxtla.

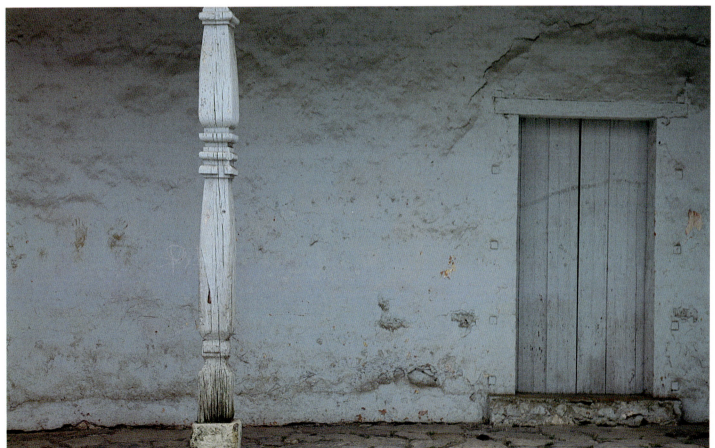

El uso de materiales nobles y su transformación artesanal imprimen un sello de autenticidad. En Cuetzalan, la casa serrana tiene la planta baja de piedra y, la superior, balcones y tejas de madera. En Zacapoaxtla los largos aleros cobijan al caminante de las frecuentes lluvias. Los guardapolvos están pintados de ocre, azul o rosa. Las calles son el escenario colorido por donde suben y bajan, van y vienen, los niños, el lechero, los burros, la que va al mercado y el que de allá regresa.

Los balcones de madera y los aleros caracterizan la arquitectura de Zacapoaxtla.

Derecha: La vida cotidiana en las calles de Cuetzalan.

Páginas siguientes: El rodapié protege las fachadas en las regiones húmedas. Zacapoaxtla.

71

Cada barrio de la ciudad de Puebla tiene su propia artesanía. Xanenetla se conoce por sus macetones de xalnene, Xonaca tiene ollas y cántaros. Son famosas la loza, las ollas pulqueras y cazuelas para el mole del barrio de la Luz. Algunos de los hornos datan del siglo XVI, en torno a ellos están las casas donde los artesanos viven y trabajan. En este mismo barrio se fabrica el vidrio prensado con el que se hacen la gran jarra de pulque, los tornillos, el desarmador, el caballito... infinidad de vasos según la bebida que se toma.

No es necesario buscar mucho para encontrar cómo el ingenio popular ha transformado la vida cotidiana. En el Paseo Bravo, una banca recubierta de azulejos pinta a la china poblana en los brazos de un charro. Las formas se multiplican y metamorfosean, en cada mosaico una flor, una estrella. Recorrer una ciudad poblana es gozar del color que ha vestido de fiesta un aplanado irregular o pintado el marco de las ventanas. Se ha hecho sin miedo, con espontaneidad. Las calles de Huejotzingo son una sucesión de instantáneas en blanco, verde, lila o amarillo. A espaldas del convento franciscano del siglo XVI, frente al acueducto, una de las casas más hermosas tiene a la entrada un arco mudéjar polilobulado que conduce a un vergel enmarcado en tonos vivos. En Huaquechula los balcones curveados hacen de una ventana una novela con los dimes y diretes que por ahí pasaron. En Cholula, un sello de la casa popular es la teja que recubre techos y pórticos y corona los muros con barro trabajado por las mismas manos que laboran la tierra.

Cruzar el dintel de estas moradas es vivir la sorpresa. Doña Chole nos recibe en la sala, con su cortina de lujo, la mesa con encaje y el mantel de plástico, figuras de cerámica, y las fotos de la boda y los abuelos. En la recámara, la colcha es brillante, no faltan el gran ropero y el espejo. Luego nos ofrece tamales y un atole en la cocina. Ahí se sientan las mujeres a charlar, ayudan a un niño en sus tareas, o hacen candelabros y muñecos para el altar de muertos. En casa de doña Amalia hay viejas planchas de hierro, de las de carbón. "¿Una eléctrica? Pa'qué la quiero si luego se va la luz."

La leña apilada se adosa a los muros serranos bajo el alero.

75

En la ciudad de Puebla encontramos casas señoriales que con el tiempo se convirtieron en patios de vecindad. Cada uno tiene un santo patrono, sus fiestas, es como una familia, con afinidades y desavenencias. Un zaguán abierto nos hace descubrir el universo de puertas, escaleras y ventanas, ropa tendida, perros, niños que corren bajo las guirnaldas de papel de la última posada. Son barandillas y tiestos, son el chisme, la comedia, el teatro eterno de la vecindad. El patio es el eje de la vida de un grupo de familias que convive en un pacto secreto donde se comparten alegrías y penas, donde todos se cuidan, protegen y ayudan.

Juan del "A" salió a las seis a repartir periódicos en su bicicleta, mientras su señora prepara las viandas de los niños que se enjuagan la cara en la pileta antes de ir a la escuela. Don José del C es carpintero, saca su herramienta al patio. Junto está doña Chona, su comadre, quien prepara los tamales que venderá en el zaguán. Están atareados, el mes que entra tienen que entregar los judas para la fiesta del Sábado de Gloria.

La puerta es guardiana de la intimidad que se hornea en cada casa. En Puebla, es de madera, de lámina, con rejas. Es amarilla, verde, roja, azul. Una con relieves tallados, otra lisa o con grandes clavos de hierro. Aquélla tiene una mirilla para espiar al de afuera y ésta una puertita para los ojos. ¡Qué ganas de asomarse! Unas tienen timbre, otras campana, en muchas hay aldabas pulidas de formas varias. Se cierran, se abren, las puertas de Puebla son una invitación a pasar, a descubrir el misterio que esconden.

79

La cocina

¡Ay! San Pascual Bailón
que por ollas y cazuelas, brincas,
bailas, casi vuelas, dale a mi pipián sazón.
San Pascual bendito, haz caso a mi devoción,
yo te brindo mi oración, y el corazón se me vuela,
ponle amor a mi cazuela.

Refrán popular

Manos de monja pican cebolla, jitomate y perejil, acitrón, ciruelas, pera, duraznos, pasita y almendra, deshebran carne de cerdo, pelan nueces, añaden cacahuates, clavo y canela, desgranan el rosario, lágrimas de carmesí brotan de la granada.

Son veinticuatro ingredientes los que pintaron el tricolor de los chiles en nogada, en el convento de Santa Mónica. Se prepararon para halagar en el día de su santo a don Agustín de Iturbide, después de los Tratados de Córdoba, en la Independencia. El anafre está en el centro de la cocina y las monjas rondan en torno acarreando cazuelas, olores y guisos. En su huerto crecían condimentos y legumbres españolas, difíciles de encontrar en los mercados, como la berenjena.

Otras monjas sensuales y creativas, las del convento de Santa Rosa, se pasearon gozosas bajo las bóvedas recubiertas de azulejos del siglo diecisiete. Unas en el anafre, en los metates para el chocolate, los moles y las tortillas, otras en el comal, inventaron el mole poblano, platillo que conjuga las tradiciones indígena e hispana, para dar la bienvenida al virrey.

La imaginación barroca de las monjas de Santa Clara moldeó formas caprichosas con almendra y azúcar, camotes, jamoncillos de pepita, gorditas, rosquillas y charamuscas, trompadas, polvorones, mazapanes, muéganos, alfajores y, desde luego, el rompope. Es un recorrido por las rutas españolas que trajeron a Puebla el mundo árabe, y un recuerdo prehispánico en las alegrías y palanquetas. La calle donde está el convento es un dulce de tiendas, aparadores de papel picado, figuras de azúcar en azul cielo y escarcha.

En el rancho de San Bernardino, cuelgan las tamaleras.

Derecha: La bisabuela totonaca frente al anafre menea los frijoles.

Para empezar el guiso, hay que ir al mandado. Cada población tiene su día fijo para el tianguis. En Tepeaca, donde Hernán Cortés tuvo una casa, se pone los viernes; en Atlixco y Huejotzingo, los sábados; en Puebla, los martes y jueves. Cada región aporta sus productos y el mercado esta dividido por áreas. Una para enseres domésticos, petates, sillas y canastas; otra para la fruta y la verdura, la ropa, las artesanías. Si los chiles se quieren dulces tendrán que ser de San Martín, los picantes son de Miahuatlán, las nueces de castilla de Huejotzingo, las manzanas, de Zacatlán, granadas de Tehuacán y, para carne de cerdo, Cholula. No faltan el chileatole y las chalupas del Paseo Viejo o el pan de Tecamachalco. Los tejocotes vienen de San Salvador el Verde, cacahuates de la Mixteca, tunas de Zapotitlán, pitahayas de San José, yolispa de Cuetzalan, guaro de caña de Izúcar de Matamoros, flores de Atlixco y, para llevárselo todo, las canastas de Ajalpan. Las ferias y festividades del santo patrono son ocasión para encontrar productos especiales. En algunos pueblos aislados no se usa la moneda, subsiste el trueque.

Algunas fiestas importantes en la región son la de San Francisco, en Cuetzalan, la de San Miguel, donde se celebra el famoso carnaval en Huejotzingo y la de San Francisco Apetlahuacan con el festival de danzas autóctonas del estado.

Cocina mixteca en el traspatio, junto al horno de pan y el cuescomate.

Derecha: Cántaros, jarros, parihuelas y metates presentes en la cocina poblana.

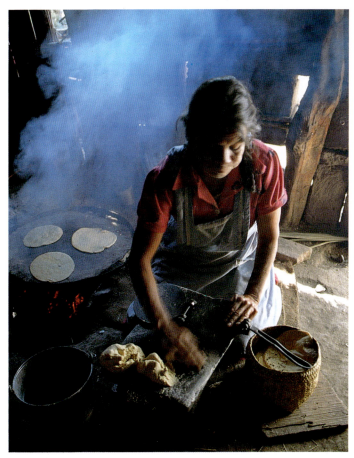

85

Puebla tiene sus recetas para cada ocasión; en Cuaresma los doce potajes, chipotles rellenos, tortitas de camarón, de papa y de arroz, coliflor, huauzontles, verdolagas, guisado de pescado seco; para Semana Santa el muégano y las rosquitas, en Corpus Christi el pipián verde o colorado. Los muertos también festejan con recortado y hojaldre, manchamanteles y chimisclán, nicoatole. También les gustan en sus altares los tamalitos, barbacoa, totopos, panes y dulces.

La cocina de la casa señorial y la de las haciendas puede ser de enormes dimensiones. En ocasión de alguna fiesta llegaron a servir banquetes de cientos de personas. Casi todas conservaron su anafre. Algunas tienen horno de pan. Los muros están tapizados de cazuelas de barro de todos tamaños y alacenas con mosaicos de talavera donde se enfría el membrillate en grandes cazos de cobre.

El centro geográfico del convento de Santa Mónica es su cocina. El anafre exento permite la circulación de las religiosas hacia el refectorio. En las paredes y rincones, jarros, jarritos y porrones. Aquí probó don Agustín de Iturbide los chiles en nogada.

Derecha: La cocina del convento de Santa Rosa, del siglo XVII, está forrada de talavera. La vida conventual reúne hospitalidad y creatividad, dando como resultado la excelencia de la cocina poblana. A instancia del obispo Manuel Fernández de Santa Cruz, aquí se crea el famoso mole poblano, ca. 1680

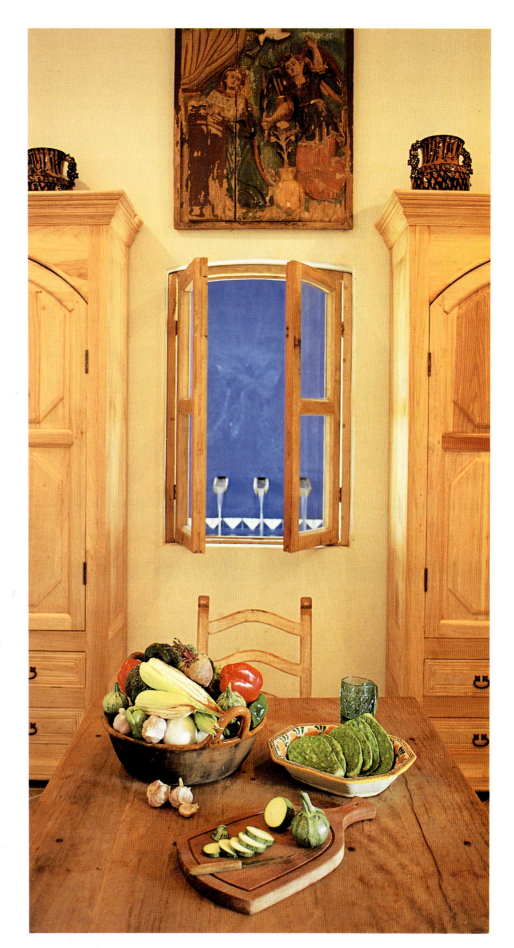

Izquierda: Detalle de la cocina de la Casa de Alfeñique. El trastero de madera, donde se guarda la vajilla de talavera poblana.

Derecha: Cocina de San José Munive, abierta sobre una fuente azul añil. Muebles entablerados diseñados en la hacienda por Esteban Chapital.

Páginas siguientes: Cuatro bodegones del siglo XIX, del pintor popular Agustín Arrieta. (En varias colecciones mexicanas) Fotografías de Bob Schalkwijk.

En la casa indígena la cocina es un tecuil; ahí se calienta un enorme comal de Reyes Mezontla; allá se encuentra el cántaro de agua fresca, aquí la olla para el nixtamal, la masa de maíz se convierte en tortillas entre manos tibias. A su lado están apiladas las ollas moleras, arroceras, frijoleras, atoleras. Las paredes se llenan de jarritos, ollas, cazuelas, sartenes, cucharas de palo y mucho amor. Nunca falta el anafre para los tamales, el chileatole, frijoles refritos con epazote y nopales.

Piletas en la cocina del convento de Santa Rosa, de piedra de Chiluca y talavera.

Derecha: Olla del barrio de la Luz en el anafre de la Casa de Alfeñique. Geometría y color en la talavera de la cocina del convento de Santa Rosa.

El estilo poblano trasciende fronteras, se recrea en esta cocina de Tepoztlán.

Pasar a la mesa en Puebla es un rito, la ceremonia de reunión de la familia, un foro para comerse al vecino... es el reino de una madre original, creativa, que afanosamente condimenta, contrasta, revuelve y adorna sutiles ingredientes, colores y sabores. La arquitectura es cocina de ladrillo, piedra, azulejos, escayola y hierros retorcidos: un caleidoscopio de sensaciones agolpadas, sabrosas.

Las poblanas son ciudades panaderas. Encontramos semitas con ajonjolí, chimisclanes, colorados, cocoles de anís y rellenos, el ojo de Pancha, los pambazos, el baile, la torta, el antojo, la gota, los corazones, la rosca de reyes y el hojaldre de muerto.

Como si fuera pan, las recetas poblanas se reparten. No hay cocina mexicana sin talavera, vidrio verde y cazuelas del barrio de la Luz. Nunca habrá fiesta sin mole.

El abigarramiento de la tienda poblana que la Güera Gómez trasladó a su alacena de la Ciudad de México.

Las haciendas

Huele a esa miel que empalaga, sale el humo del bagazo por el chacuaco. Los gañanes preparan las carretas y uncen los bueyes, mayordomos y capataces gritan órdenes a los cañeros en el patio de la hacienda azucarera de El Raboso.

Don Antonio Raboso y de la Plaza llega en su retinto sudoroso después de recorrer la quema de los cañaverales. Doña Lupe sale corriendo de la casa con el cántaro de agua fresca para el polvo del camino. El padre de Santo Domingo baja de su calandria, le tienen listos los ornamentos para la misa de bendición del inicio de la zafra.

La gran rueda del molino empieza a girar lentamente al abrirse la compuerta del acueducto. Los peones gritan y rezan a coro. No se suspenderá el trabajo, ni de noche ni de día, sino hasta quince semanas más tarde, cuando estarán listos panes, pilones, maquetas, melado y aguardiente.

Cuatro meses después doña Cristina recibe a su marido en la casa de la 4 Oriente. Sabiendo que la molienda ha sido exitosa, se ha comprometido a costear el retablo de San Nicolás de la Catedral, una lámpara de plata y el lienzo de San Liborio obispo. También quiere recubrir de azulejos la cúpula de la capilla doméstica y adornar los balcones con grutescos de argamasa. Todo es prosperidad.

Granero de la hacienda de San José Zacatepec que, en el siglo XVI, abastecía de trigo a la Nueva España. Admirable espacio colonial, inspiración del arquitecto Luis Barragán y de la arquitectura contemporánea mexicana.

La hacienda es heredera del sistema español de la encomienda, merced de tierra para explotación agrícola o ganadera donde, a diferencia de los *calpulli* que vendrían a ser antecedentes del ejido, se constituyó un verdadero núcleo de producción autosuficiente. En torno a la casa principal vivían los empleados y peones, en un caserío de adobe, fuera del edificio central o en la calpanería. Tenían su machero para las bestias de tiro, corrales, caballerizas y establos; su aljibe para almacenar el agua, silos para el grano y potreros para llevar el ganado a pastar.

La capilla, centro de culto y reunión de la comunidad, era sede de las festividades del santo patrono. De acuerdo con la producción principal, las trojes adyacentes y dependencias variaban. La casa del patrón, casi siempre de dos pisos, tenía en la planta baja oficinas, las habitaciones del mayordomo y el caporal, tienda de raya, sillero y bodegas. Arriba las alcobas, un gran salón, el comedor, la cocina y otro cuarto donde se hacían conservas, quesos y embutidos.

Casco del siglo XVI, y capilla de estilo neoclásico del ingenio El Raboso, en Izúcar de Matamoros.

Se conoce como ingenios a las haciendas cañeras de las zonas cálidas, vecinas a Izúcar de Matamoros. Datan del siglo XVI, pero fue en el siglo XIX cuando la industrialización las convirtió en verdaderos ingenios como Atenzingo, El Rijo, Teruel, Las Fajanas, Colón y La Galarza. Tienen características peculiares como el acueducto que conduce el agua para mover el molino de caña. Algunos establecieron todo un sistema de trenes de vía angosta para la recolección de la cosecha. Los terrazgueros cultivaban la caña, pero la mayor actividad estaba en el corte y acarreo, para lo cual en la época virreinal hubo gran afluencia de esclavos negros. Al método rudimentario de molienda, accionado con golpe de agua y tracción de mulas, se le conocía como trapiche. Una vez sustraído el jugo de la caña, se hervía en grandes cazos de cobre. Esta miel espesa se beneficiaba en azúcar, morena o mascabado, piloncillo, melaza, alcohol y guaro de caña, nombre que se daba al ron.

Arcada del acueducto del ingenio de El Rijo, camino a Morelos, con vista sobre el cañaveral.

Páginas siguientes: Ingenio de El Rijo en Izúcar de Matamoros, poderoso productor de panes de azúcar, piloncillo y aguardiente, desde el siglo XVI hasta 1930. Sus monumentales cascos con capilla, panadería y trapiche albergaron a miles de labriegos y cañeros.

Cada familia tiene sus recetas, secretos y encantos propios. Los Maurer llegaron de Francia en el siglo pasado y desde entonces su molino de San Mateo en Atlixco, que data del siglo XVI, es sinónimo de harina de excelente calidad. Viven hoy como entonces, y a la vuelta de un paseo a caballo los reciben las mismas sillas y copas. El sol recorta los muros rojo óxido sobre la luz del cielo; jambas en azul añil enmarcan puertas y ventanas; el patio es el centro de la casa. Cada detalle está ahí para insistir en ese sentido de permanencia que escapa al tiempo...

El valle de Puebla suministró de granos al reino desde que el español introdujo el cultivo del trigo. Nacía esa cultura alimentaria que perduraría en el tiempo, paralela al mundo indígena de tortillas y maíz. Los centros de producción de las haciendas trigueras eran grandes molinos, casi siempre cercanos a la ciudad, movidos a golpe de agua. Contaban con silos para almacenar el grano y trojes para trigo y harina. En la era, las mulas pisoteaban el grano para descascararlo antes de pasar a la molienda. En las zonas de Tepeaca y Tecamachalco se hacían la harina corriente, el salvado y la salvadiña. Algunas propiedades trigueras fueron

La troje del molino triguero de San Mateo, en Atlixco, siglo XVI, de imponentes muros de color rojo óxido que contrasta con el azul añil de las jambas.

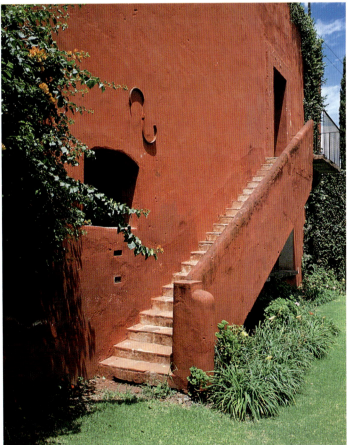
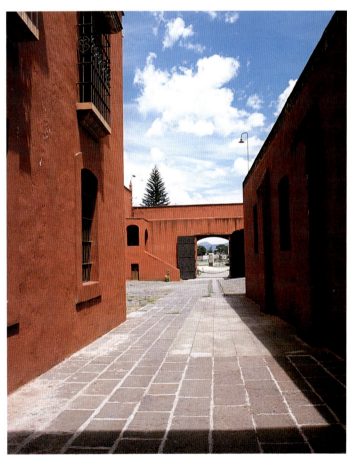

105

El paso del tiempo no ha modificado el estilo de vida de principios de siglo: el comedor Enrique II, y la sala, de origen francés; el abanico de la abuela y la cordialidad de la taza de café a las cuatro de la tarde, elaborada en la cafetera calentada por mechero, que cuidan "como a la niña de sus ojos".

Izquierda: La garita de sobria arquitectura de sillares en cantera gris aún vigila la fortaleza de la hacienda triguera de Zacatepec que, durante la Revolución, fue transformada en cuartel.

En el granero, las arcadas de medio punto sobre pilastras estilo renacimiento soportan el alfarje.

Ozumba, Torija, Lugarda, Zacatepec, Concepción, Tizapa, San Antonio de los Virreyes, San Andrés Chautla y Xalapasco. El molino de Huexotitla, uno de los más antiguos de la Nueva España, al igual que San Francisco y San Antonio, suministraba de pan a Puebla, surtía a Veracruz y a las naves que cruzaban el Atlántico.

La hacienda pulquera es característica de las zonas áridas del Altiplano, aledañas a los estados de Tlaxcala y México. Su arquitectura se caracteriza por la presencia del tinacal. Para la producción del pulque se espera a que la planta del maguey llegue a su madurez y se corta en el centro. El tlachiquero es quien extrae el aguamiel usando el acocote, guaje largo con que se succiona y vierte el líquido para ser depositado en los odres que se llevan en burro hasta el tinacal, donde debe fermentar al menos durante veinticuatro horas. El pulque está listo entonces para libar el rico neutle en "pico de gallo", curados de piña, naranja o pitahaya. Esta bebida fue una gran riqueza en la época colonial y las carretas con los barriles que la contenían recorrieron todo el país hasta principios de este siglo.

Izquierda: La austeridad de la alcoba contrasta con el refinamiento neogótico de la fachada de la hacienda de San Antonio de los Virreyes, enclavada en el cruce de los caminos de Oriental.

Todavía hoy las carretas transportan las castañas de pulque al tinacal de San Miguel la Blanca.

Corredor y arranque de la escalera del siglo XIX, en el molino triguero de Huexotitla, en las orillas del río San Francisco.

Derecha: El comedor francés de la casa del molino de Huexotitla, siglo XIX.

Páginas siguientes: Muy del Porfiriato, los jardines de la hacienda de San Cristóbal Polaxtla, con su puente de mármol y esculturas románticas francesas del siglo XIX. Don Antonio Haghenbeck transforma la hacienda jesuítica del XVII en una villa.

Izquierda: En los jardines de la hacienda de Chautla, al borde del lago, un pabellón estilo inglés construido por el obispo Gillow.

Derecha: Detalle de la entrada al molino de la hacienda de Chautla.

Perspectiva de la arcada que servía de acueducto para mover la rueda del molino de Chautla, del siglo XVII.

En el casco de Tamariz, a la entrada, se encuentra la sala de las sillas o sillero para los caporales y vaqueros.

Desde la Conquista, el caballerango ha sido un personaje importante en las haciendas ganaderas.

Páginas siguientes: Entrada monumental al patio principal de la hacienda de Tamariz.

En las caballerizas de la hacienda ganadera de Tamariz, una de las más importantes en el estado desde la época del Virreinato, las bóvedas catalanas sostenidas por pilastras de piedra tallada son de tabique.

Cuentan que la charrería surgió en el estado de Puebla durante el periodo virreinal y que el beato Sebastián de Aparicio promovió la monta a caballo entre los indígenas. Les enseñó el uso de la cuerda, las suertes del coleo, las escaramuzas y el jineteo. Hubo grandes haciendas ganaderas donde se producía leche, carne, tasajo, sebo para iluminación y jabones, pieles para talabartería. Aún hoy, en Ozumba, se manejan más de diez mil cabezas de ganado. Su machero parece un mercado; no faltan el salón de ordeña, establos para las crías, corrales y caballerizas. Vaqueros, caporales y peones viven en un ala del casco. La casa del hacendado se reformó durante el Porfiriato para darle ese aspecto de castillo inglés que la caracteriza. El grano duerme en gigantescas trojes, que junto con el templo fueron construidas por los jesuitas. La Iglesia llegó a administrar hasta dos terceras partes de haciendas y ranchos a través de cofradías y mayordomías.

Izquierda: La fachada interior del patio central de Tamariz está ricamente decorada con frescos románticos de estilo italiano.

Derecha: El machero es la parte más antigua de la hacienda de Tamariz, que data del siglo XVII.

Patio y traspatio divididos por la escalinata. Hacienda de Tamariz.

Carrozas, calandrias y carretas van por los caminos de tierra, bordeados por costocanes. Los señores alegres, acompañados de un buen mariachi, acuden a la boda del primogénito de la hacienda con la hija de los vecinos, por aquello de que tierras y bienes queden en familia. San Antonio Polaxtla tuvo su mayor auge después de la intervención francesa y guarda recuerdos napoleónicos. Durante el Porfiriato, se transformó la hacienda colonial en un sueño romántico de palacios europeos.

La capilla y el establo en la hacienda de San José Ozumba.

Páginas siguientes: Hacienda de San José Ozumba, siglo XVI, tipo fortaleza, con torreones y almenas, remodelada por el arquitecto Tamariz a finales del siglo XIX.

Cuando las haciendas fueron desposeídas de sus tierras por la Revolución, muchas quedaron abandonadas. Otras retiraron o perdieron el mobiliario de valor y quedaron como austeras casas de campo al cesar la producción. Subsisten así los cascos de las que fueran casas señoriales, hoy con interiores de una sencillez casi monacal, como San Antonio de los Virreyes. En algunas se sigue usando la lámpara de petróleo y la cocina de leña, el horno de pan y el anafre, en espera de los patrones que ocasionalmente llegan para supervisar el trabajo o para un descanso lleno de nostalgia.

Izquierda: Vestigios del acueducto del ingenio de El Rijo.

Doble arcada en el patio del molino en la hacienda del obispo Gillow.

Esteban y Lidia Chapital han adaptado la exhacienda granera de San José Munive, situada en la carretera a Huejotzingo, cerca de San Andrés Chautla, aquella que fuera remodelada por el obispo Gillow. Los Chapital diseñan y fabrican muebles para haciendas, casas de campo y espacios modernos. Siguen la gran tradición artesanal del mueble poblano. El patio está sembrado de tesoros coloniales con esculturas abstractas de Sebastián. La sala de billar está dedicada a Colunga, un gran salón a Felguérez. San José Munive trasciende el tiempo; guarda en sus muros la belleza ancestral, transforma su energía en creación contemporánea.

La escultura de Sebastián destaca contra los muros encalados de la hacienda de San José Munive.

Detalles de la hacienda de San José Munive: salón de juegos dedicado al pintor Alejandro Colunga.

Abrevadero azul añil y fuente de piedra con cenefa de azulejos.

*Páginas siguientes: Comedor con muebles de gran escala diseñados por Esteban Chapital.
Detalle de un salón dedicado al pintor Manuel Felguérez.*

El Virreinato
La casa del siglo XVI

Los ángeles siempre acompañan a Puebla, como en el friso que enmarca los murales de la Casa del Deán, donde el serafín ostenta un pectoral prehispánico.

En el lugar que los nahuas llamaban Cuitlaxcoapan, entre los ríos San Francisco y Atoyac, al pie de los cerros de Loreto y Guadalupe, se encontró un terreno ideal para dibujar los planos de la ciudad española. A un lado del valle se perfila, imponente, la Malinche; del otro, el Popocatépetl y el Iztaccíhuatl.

Los fundadores estaban dispuestos a sembrar una utopía renacentista de acuerdo con la traza de los ángeles que soñara Julián Garcés el 16 de abril de 1530. Fray Toribio de Motolinía celebró la primera misa en los solares asignados para la fundación de la ciudad de Puebla. Alonso Martín de Ovando había solicitado al rey que se hiciese un poblamiento nuevo para dar refugio y asiento a los hispanos. El 18 de enero de 1531 Juan Salmerón trajo la cédula real. Martín Partidor repartió predios aledaños a la plaza mayor como recompensa para los conquistadores. Los privilegios prometidos eran un gran atractivo para los militares, hijodalgos y aventureros dispuestos a trabajar y hacer fortuna. El grupo conformado por las primeras treinta y tres familias —provenientes de Extremadura, Galicia y Andalucía— recuerda simbólicamente la edad de Cristo. Al principio construyeron casas de adobe y paja que poco a poco fueron sustituyendo por casas de piedra, macizas fortalezas que servían de lugar de trabajo, fábricas, comercios y viviendas. Los pobladores venían de Atlixco, Calpan, Huejotzingo, Cholula, Huaquechula y Tepeaca.

En 1549 Puebla tenía más de trescientos vecinos españoles establecidos. En 1557 se introdujo el agua potable. Los obrajes atrajeron a los artesanos más calificados de la época, quienes fabricaban loza y vidrio que exportaron hasta Guatemala. Maestros de Flandes y Grecia llegaron para establecer talleres de hierro forjado y los primeros telares en la que luego sería una ciudad industrial por excelencia.

El muro sobre el vano predomina en las casas poblanas de la primera década.

La vida en Puebla en el siglo XVI era austera y dominada por la religión. Se crearon las cofradías y capellanías para dar prestigio a los gremios y, gracias a las obras pías, se edificaron los conventos en plena euforia evangelizadora.

Los estilos que predominaron fueron el renacentista —con algunas reminiscencias góticas— y el plateresco, que debe su nombre a la semejanza con los trabajos de plata cincelada o repujada. Los elementos clásicos del arte grecorromano se descubren en pilares, columnas y cornisas, la influencia árabe en las rejas, patios y cajas de agua.

Los españoles construyeron moradas para protección personal y de sus bienes. Dada la benignidad del clima se dejaron abiertos patios que las hacían alegres y sanas. La casa de la época es baja, predomina el muro sobre el vano. Las ventanas de madera llevan rejas sobrepuestas y las habitaciones pequeñas tienen poca iluminación. El patio es la fuente de luz y los corredores están flanqueados por robustas columnas de estilo toscano. Los constructores emplearon espesos muros de carga y sólidos apoyos para fortalecer la estructura contra los terremotos que se adaptaría a los

El transcurrir de los siglos ha dejado pocas construcciones del siglo XVI intactas. El curato de San José, con su clásico portón renacimiento de piedra tallada.

nuevos materiales utilizando al principio el sistema de vigas, el techo enladrillado y terrado, y las azoteas sin pretil. Cuando la casa era de dos plantas, abajo quedaban las tiendas y talleres que podían ser obrajes textiles o tocinerías, donde se fabricaban los jamones, las velas, el jabón y el sebo que habrían de llevarse en los barcos; arriba un gran salón de recepción y la alcoba conocida como habitación de la reina, donde se alojaba a los visitantes de honor. Seguían la capilla doméstica y las recámaras, todas con una puerta hacia el corredor. La cocina empieza a recubrir su anafre con talavera, que desde ese momento se fabrica en la ciudad.

En su mayoría, las casas del siglo XVI sufrieron tantas modificaciones que hoy son prácticamente irreconocibles. En algunas sólo se distingue una columna o un arco, elementos mudéjares y arranques de escaleras con sus barandas de piedra tallada. Pertenecieron a los comerciantes que tanto prestigio y funciones tuvieron en la ciudad.

En Cuautinchán, el dintel de la puerta en forma de concha es de reminiscencia mudéjar.

Entre 1580 y 1584 vivió en Puebla el famoso arquitecto Claudio de Arciniegas, quien fuera nombrado alarife oficial. Se atribuye su participación en los mejores ejemplos de la época, como la Casa del que Mató al Animal, mayorazgo de los Pérez de Salazar, que recibió ese nombre por el relieve plateresco que decora las jambas del pórtico principal. Es la única parte de la casa que no fue transformada por el tiempo. Manuel Toussaint la identificaba con el dibujo de un tapiz flamenco con escenas de cacería. José Moreno Villa, en su libro *Lo mexicano*, lo define como ejemplo de estilo tequitqui o tributario, en que se da un fenómeno de mestizaje entre el modelo importado y la mano de obra indígena.

La Casa del que Mató al Animal: jambas y dintel de piedra tallada, estilo plateresco.

Frente a San Agustín, la Casa de las Cabecitas tiene en la portada dos medallones de estilo renacentista con dos bustos. Es un pórtico clásico en piedra, de proporciones monumentales. Todavía hoy conserva la función para la cual fue creada: patio de vecindad con habitaciones para alquiler. Las accesorias se distribuyen en torno a dos patios.

Derecha: Grandes talladores de piedra fueron los naturales de Huaquechula, enseñados en el uso de las herramientas por Fray Martín de Valencia. San Martín, en la portada del convento de Huaquechula.

Una de las máximas obras del arte civil del siglo XVI en la Nueva España es la Casa del Deán. Perteneció a don Tomás de la Plaza, decano del cabildo de Catedral, dedicado a la organización de los recursos económicos de la Iglesia. La fachada renacentista es de 1580, con columnas dóricas a los costados de la puerta principal, a la que se sobrepone un balcón flanqueado por columnas jónicas. Fue labrada probablemente por el cantero Juan de Alcántara. Los frescos de influencia italiana que decoran las habitaciones principales representan alegorías de la literatura clásica, emblemas religiosos y escenas de la vida cortesana. En la primera alcoba aparece el mundo de la redención anunciado por sibilas, profetisas que van a caballo portando estandartes. El friso está bordeado por cenefas o diseños vegetales, changos y flores que recuerdan los dibujos de los códices prehispánicos. Es un mundo gracioso de querubines, ciervos y pájaros. En la segunda habitación están representados los triunfos de la muerte, el amor, la castidad y la fama. Cada carro lleva un símbolo y los grutescos de los marcos se adornan con doncellas, plumas y escudos.

Fachada de la Casa del Deán.

Derecha y páginas siguientes: Murales únicos del siglo XVI en la Casa del Deán, de estilo renacimiento italiano, con influencia prehispánica.

144

145

En 1572 llegan a Puebla comerciantes ingleses para adquirir cochinilla, añil, miel, seda y loza para llevar a Europa. Uno de ellos, John Chiton, describe su admiración por la amplitud del valle en que se asienta la ciudad, su belleza y elegancia.

En Cholula, una hermosa casa del siglo XVI reviste su portada con puertas en cuyas jambas están tallados caballeros águila, guerreros del mundo prehispánico, representados esta vez en una casa hispana. En la plaza mayor de Atlixco se asientan las Casas Reales, que fueran sede de los regidores, alguaciles y demás personas del gobierno de la ciudad. La fachada conserva sus escudos, y columnas toscanas sostienen el pórtico.

En Puebla subsisten algunos edificios públicos de la época, como los portales del zócalo, bajo los cuales se mercaban los productos españoles. La plaza era tianguis martes y jueves; ahí los indígenas de los pueblos vecinos vendían sus frutas y legumbres. En Tepeaca se conserva el Rollo —donde se castigaba a los delincuentes y se acordaban las reglas del comercio— y la casa conocida como de Hernán Cortés, que fuera modificada en los siglos XVII y XVIII.

La arquitectura religiosa del siglo XVI es espléndida. De formas variadas, los conventos van de la fortaleza almenada al gótico isabelino y al estilo renacimiento. En el convento de Tecali las proporciones clásicas son majestuosas, con techo de alfarje y los muros decorados al fresco. También se conservan la enorme cisterna que ayudaba en tiempos de sequía, el patio de los naranjos y la famosa pila bautismal labrada con motivos góticos. Cuautinchán surge en el paisaje como una fortaleza construida sobre la explanada de un templo prehispánico. Huejotzingo es conocido por la belleza de sus capillas posas y retablos platerescos con pinturas de Juan de la Concha.

Caballero águila con pomas en la enjuta de una puerta de Cholula.

Derecha: Los portales y las Casas Reales formaron parte de la plaza principal; aún se conservan en Cholula y Atlixco.

147

El Virreinato
La casa del siglo XVII

Escena celestial, una corte de ángeles como invitados. El 18 de abril de 1649 se dan cita los enviados del virrey, los visitadores, regidores y alguaciles, para acompañar y rendir homenaje al excelentísimo obispo don Juan de Palafox y Mendoza en la consagración de la Catedral. Se le entregó una llave de oro grabada con las armas reales, como reconocimiento a su labor en la terminación de la obra. En la construcción participaron mil quinientos oficiales y peones. Para inaugurarla se había hecho alfombrar desde el Altar de los Reyes hasta el atrio, las cofradías competían por el adorno de sus capillas, la comitiva entró deslumbrada bajo un palio de terciopelo rojo, al son de trompetas y coros. Las familias fundadoras de la ciudad estaban presentes, engalanadas con brocados, encajes y perlas. Se habían cincelado portaestandartes y portapalios de plata, grandes candelabros y la enorme custodia de metro y medio para colocarse bajo el ciprés. De cuanto se gastó, de lo grande y fastuosa que fue la celebración, se habló por doquier, por muchos años.

En la plaza mayor se representaron las cañas (juegos de caballería); hubo corridas de toros y una procesión acompañada de gigantes, carros alegóricos y la máscara del día, que fue una comparsa de noventa y ocho vecinos los cuales representaban a los reyes de España, desde los godos hasta la Casa de Austria. Los nueve días fueron explosión de flores, las noches incendio de fuegos artificiales.

Elegancia toscana de esta columna de piedra, tallada en un patio contraesquina de Catedral.

En Puebla el XVII es un siglo religioso, y la era de Palafox. Los distintos gremios trabajaban para crear cofradías, financiar obras pías y la construcción de conventos. A los de Santa Catarina, San Jerónimo y la Concepción, se sumaron los de Santa Teresa, Santa Clara, la Santísima, Santa Inés, Santa Mónica y Santa Rosa.

El obispo don Juan de Palafox y Mendoza llegó a la Nueva España para ser obispo de Puebla y hacer una auditoría al virrey. Su decisión y empuje lo hicieron famoso. Fundó el seminario secular, los colegios de San Juan y San Pedro, y la biblioteca que lleva su nombre. En sus estantes se conservan aún importantes volúmenes que no sólo abarcan el conocimiento religioso sino ciencias, medicina, arquitectura y astrología. Se organizó en forma temática, con un gran sentido humanista. El seminario era una institución de enseñanza superior, con vocación universitaria, donde se impartían las lenguas indígenas, tan útiles para la evangelización. En 1640 se estableció la primera imprenta de Puebla.

Biblioteca Palafoxiana del Seminario fundada por don Juan de Palafox y Mendoza en el siglo XVII con cincuenta mil libros; es la biblioteca virreinal mejor conservada en América Latina.

Derecha: La Catedral, uno de los edificios más importantes del arte religioso, de estilo manierista, realizado en su mayor parte en el siglo XVII y remodelado en el interior por el arquitecto Manzo, en estilo neoclásico, durante el siglo XIX.

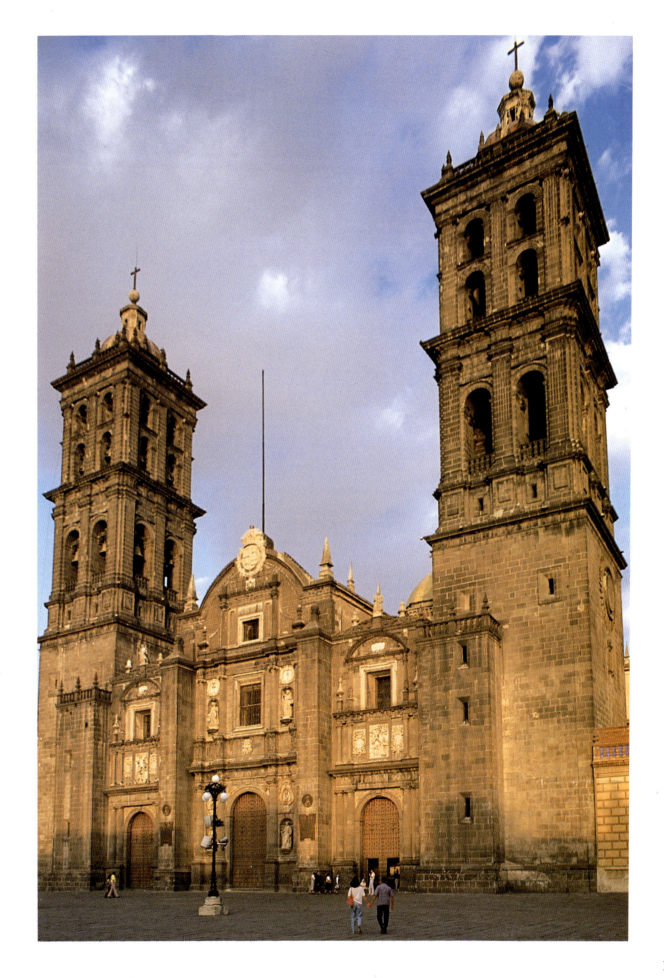

El prestigio de la ciudad era conocido en todo el reino. Para 1678 ya tenía 70 000 habitantes. Puebla es villa de cúpulas y claustros, recogida en sí misma, donde casi podemos escuchar el sonido de las campanas fundido al del martillo y los telares en sus industriosos obrajes. "Las fábricas en que se emplean los vecinos (tenidos por los más hábiles, y con razón) son los delicados tejidos de lana, algodón de la China, hermosa y limpia loza, barro aún más fino que el de Talavera, cristal y vidrio, todo género de armas finas y de fuego que corren de gran fama por todo el reino por su temple y primorosa hechura. Pero sobre todas estas fábricas, la más rica, pingüe y opulenta es la del jabón... se surte de aquí a casi todo el reino. En las demás artes y manufacturas son tan diestros que con razón y propiedad puede llamarse a esta ciudad la Barcelona de América..." El apogeo coincide con el de la gran producción de plata. La riqueza que hubo entonces en la Nueva España aceleró la demanda de manufacturas. Los molinos, tocinerías, textilerías, curtidurías, talabarterías, velerías y vidrierías, tenían pedidos de todas las provincias y exportaban a Guatemala y el Perú. La manta de algodón y las bolas de sebo, el vidrio y la loza eran de lo mejor. Los talleres de hierro forjado, yesería, cantería, competían con los de carpintería, ebanistería y pintura. Se establecieron los primeros arquitectos y alarifes. Los artistas especializados trabajaban la platería, los muebles y la pintura religiosa de caballete. Por ordenanza real todo hacendado debía tener una casa en la ciudad, y al ser Puebla la población hispana por excelencia, llegaron de todas partes, desde la costa de Veracruz hasta Acapulco, a establecer sus reales en la Angelópolis.

Para proteger las viviendas de las frecuentes inundaciones se recubrieron con zócalo de piedra, y los muros de ladrillo y azulejo, alternando con escayola y cantería. Nacía el sello distintivo que daría a Puebla una fisonomía única. El estilo barroco olvida la línea recta por la curva. Se buscan el adorno y el contraste de materiales. Aparecen el churrigueresco con el grutesco, las cartelas, los escudos y mascarones, las cornisas, antepechos, columnas salomónicas y estípites. Las casas nuevas serán más altas y esbeltas, con pretil en las azoteas, rejas vistosas y puertas de casetones. A diferencia de las andaluzas, las poblanas hacen del patio un lugar de distribución, circulación y no de estar. En Puebla se recibe en un salón o en otro y sólo se usará el patio cuando los convites sean grandes.

Cúpula del convento de la Concepción.

Páginas siguientes: Influencia del arte chino en la talavera poblana del convento de Santa Rosa.

El ladrillo y la talavera cubren las fachadas dándoles color y personalidad.

Magnífica proporción de las ménsulas en un patio lateral.

Derecha: Escasos son los ejemplos de casas coloniales con columnas estípite, alfarjes, ménsulas y tejados de madera: Zacapoaxtla.

Páginas siguientes: Ritmo y proporción de las ventanas-balcón, cerradas por rejas forjadas de elegante sencillez, en Huaquechula.

Izquierda: La Casa de los Cañones, construida por un capitán de navío en el antiguo camino a Cholula. Lleva ese nombre por los cañones que adornan su fachada. La herrería forjada del balcón corrido, rica en detalles, demuestra la habilidad de los artesanos.

En el siglo XVII, la arquitectura toma el azulejo y las cornisas para realzar y distinguir sus fachadas. Residencia de un prelado en la esquina de 4 Sur y 3 Oriente.

La pinacoteca, construida por el alarife Diego de la Sierra para habitación de los jesuitas, se llamó en algún tiempo Casa de la Bóveda o del canónigo Peláez. El patio de estilo andaluz, donde predomina la línea curva, en escayola y piedra tallada, está rematado con una fuente al centro forrada de azulejos de reminiscencia mudéjar.

La escalera es de doble arco polilobulado. Tiene en la hornacina una imagen de San Ignacio y una cúpula con transparentes de tecali, que matizan la luz. En primer plano se aprecia una columna corintia de piedra estriada.

La Casa de las Cigüeñas, de 1687, debe su nombre al relieve labrado sobre la entrada. Las esbeltas columnas de piedra le dan una sensación de amplitud a una casa que nos hace imaginar el estilo de vida de los prósperos mercaderes de la ciudad.

Un capitán de navío obtuvo del ayuntamiento el privilegio de coronar la fachada de su casa con gárgolas de cañones. Reconocemos el Hotel Arronte por su curioso remate y el ajedrezado que cubre los muros.

Puebla fue sede de los comerciantes que controlaban el tráfico de mercaderías de la nao de China. A raíz de la conquista de las Filipinas, se estableció la ruta que llevaría las especias, porcelanas, marfiles, muebles y objetos de Oriente. La nao llegaba a Acapulco, donde una red de arrieros esperaba para llevar las mercancías a Puebla, luego a Veracruz, en su camino a Europa. Los poblanos aprendieron el oficio de la incrustación de hueso y concha, la marquetería, el uso de colores en diseños florales de las porcelanas, para integrarlos a estilos españoles e indígenas.

En 1619 llegó la China Poblana, una hermosa joven hindú. Según la leyenda, era princesa descendiente del rey de Magor. La bautizaron con el nombre de Catalina de San Juan. Nunca pudo aprender a escribir pero fue devota, buena bordadora y excelente cocinera. Era esclava de don Miguel de Sosa, quien no tuvo descendencia y, a su muerte, fue internada en el convento de las carmelitas descalzas. Más tarde casó con el esclavo Domingo Suárez, con la condición de permanecer castos.

La casa conocida como de la China Poblana fue construida por el arquitecto Santa María, alarife oficial de la ciudad. La fachada es terracota, sin escayolas; la esquina es de cantera, con balcón en ángulo y un friso plateresco en el que destacan máscaras de leones.

En sus *Viajes por la Nueva España*, Giovanni Gemelli Carrieri cuenta de otra china poblana, vestida con retazos de seda y pañoletas de Oriente. "Escucha música los jueves por la tarde en la plaza. Es una joven moza, guapa, galana y bien dispuesta."

Izquierda: Detalle del dintel de la puerta de la Casa de las Cigüeñas, 1687.

Balcón de esquina de la Casa de la China Poblana, de estilo plateresco.

La china poblana y el charro en azulejos de talavera en una banca de Atlixco, de principios de siglo.

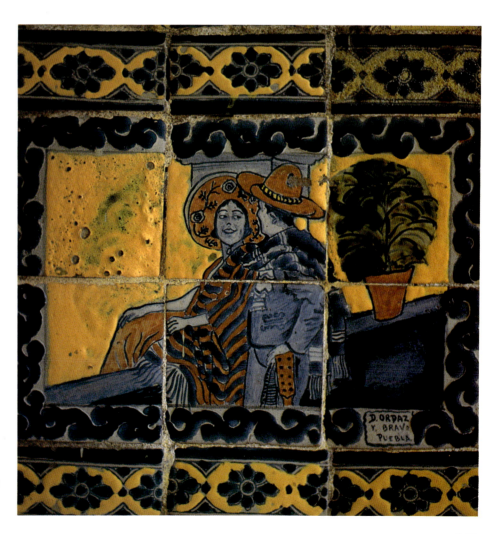

El Virreinato
La casa del siglo XVIII

Revoloteo de abanicos y galas, se encienden los candiles, en los palcos rozan la baranda guantes de seda fina. Nadie se podía perder el estreno del teatro Coliseo, el primero de mampostería en la provincia novohispana. La primera representación en este "corral de comedias" sería *Antes que todo mi dama*. Es Pascua de Resurrección de 1761 y la sociedad, aún deslumbrada al correrse el telón, no pierde de vista el tocado de perlas de la señora Almendaro o el nuevo vestido de la señorita Rivadeneyra. Vuelo de encajes y miradas cruzadas que se habían de comentar varios domingos después de salón en salón.

El lujo se traduce hasta en el último detalle. Las familias descubren el orgullo de sentirse ricas y lo hacen notar en las fachadas, los portones, los carruajes, el mobiliario y las vajillas.

Los poblanos superaron los problemas económicos traídos por la prohibición del comercio intercolonial y la creciente importación de artículos de la metrópolis. El ingenio los llevó a crear nuevas técnicas de producción que convirtieron sus obrajes en verdaderas industrias. Con inventos que transformaron sus métodos de trabajo, se instalaron el primer pararrayos, una primera máquina accionada por agua y varias imprentas. La producción de tejidos de algodón y lana aportó la riqueza necesaria para crecer

En el Hostal de Velasco, del siglo XVIII, suntuosa sala del XIX. Muros tapizados de damasco, mobiliario dorado estilo Luis XV y Luis XVI con espejos franceses que reflejan la grandeza de la época.

aun en tiempos de inestabilidad. Puebla estaba siendo relegada de las principales rutas de comercio, pero las fortunas consolidadas en el siglo anterior no sufrían mella. El esplendor de fachadas e interiores, la opulencia y el adorno hablan por sí solos. En 1760 el gremio de platería erigió un obelisco en el zócalo con motivo de la llegada de Carlos III al trono.

Reflejos dorados del auge del siglo XVIII en el Hostal de Velasco, con muebles estilo Luis XV.

Es en el siglo XVIII cuando se constituye el estilo distintivo de Puebla, ese sello que no se encuentra en ningún otro lado, ni siquiera entre un ejemplo y otro. Cada quien, por cuidar su apariencia o por competir, buscó habitar una casa con personalidad propia, una morada distinta, como el Alfeñique o la Casa de los Muñecos.

Izquierda: Patio del siglo XVIII de doble altura en el Hostal de Velasco. Esbeltas y sobrias columnas de cantera negra con detalles en talavera enmarcan la fuente tallada en piedra tapizada de azulejo.

La imaginación no halló límites para provocar un delirante contraste de materiales. El resultado es alegre y elegante en esta fachada de la 2 Oriente y 4 Norte.

Hablar de las casas de la época es evocar la fantasía de los yeseros; la técnica del pegostre fue perfeccionada gracias a los maestros catalanes. Con recortes de lámina marcaban las molduras sobre la escayola fresca, usaban moldes para revoques, máscaras y florones. Obtuvieron gran vistosidad con el mínimo de recursos, reflejada en conchas, cornisas, remates con pinjantes, hornacinas y pilastras de un blanco luminoso que enmarca el barro y el mosaico. Un elemento decorativo característico del siglo XVIII es la cartela, casi siempre recubierta de relieves y espirales. Las fachadas tienen zócalo de piedra gris bastante alto rematado por una gruesa moldura con la que arranca el revestimiento de ladrillo o mosaico. Los marcos de puertas y ventanas llegan hasta el dintel con la prolongación de sus jambas. Un elemento primordial es el tejaroz, cornisa que protege los balcones y en ocasiones atraviesa la totalidad de la fachada.

Casa en esquina, del siglo XVIII, donde los remates y jambas se han transformado en adornos.

Derecha: Escayola, ladrillo, azulejo y piedra en las calles de la Ciudad de los Angeles.

173

Las mansiones más representativas del esplendor arquitectónico de la época son la de Alfeñique y la Casa de los Muñecos. La primera fue construida en 1790 por el arquitecto Santa María Incháurregui para don Ignacio Morales, abuelo del pintor Francisco Morales. Se le llamó así porque el decorado de sus cornisas recuerda al dulce de turrón, clara de huevo, azúcar *glass* y almendra, blanco y barroco, del mismo nombre.

La Casa de Alfeñique ostenta orgullosa la escayola barroca que le dio su nombre.

Derecha: En la esquina se levanta una torrecilla con hornacina. El tejaroz dibuja el ángulo y el balcón principal pasa de un costado a otro con una triple ondulación.

La balconería de hierro forjado compite con la filigrana de las jambas adornadas de atauriques de argamasa y el recubrimiento de ladrillo con tachuelas de talavera. Es un ejemplo churrigueresco de casa de tres plantas. Al cruzar el zaguán, tres arcos de corte mixtilíneo se sostienen en columnillas sobre pedestales de varios cuerpos. Las otras galerías se apoyan sobre ménsulas decoradas con cartelas. La riqueza de estípites y encuadramientos de puertas es equiparable con el exterior; son famosas su cocina y la capilla doméstica. Una fuente octagonal en el centro del patio completa el ambiente de opulencia y recogimiento.

Dos conchas distintas coronan la puerta-ventana de la sala, y la puerta laqueada, de estilo oriental, del comedor.

Derecha: Entrada de la Casa de Alfeñique, de estilo andaluz, con arcos mudéjares y fuente de piedra tallada.

La Casa de los Muñecos es original y grandiosa. Se le conoce así por ostentar en su fachada dieciséis tableros de azulejos con figuras de gigantes montados sobre pedestales, que el doctor Palm identificara con las hazañas de Hércules. Fue construida para Agustín de Ovando y Villavicencio, y en ese tiempo se decía que los "muñecos" se mofaban de la prohibición del ayuntamiento de edificar casas tan altas.

El efecto de grandeza se debe a su escala noble. La fachada está formada por tres cuerpos. La planta baja, con marcos de cantera para sus puertas, un entrepiso y planta principal con marcos de argamasa. Sobre la entrada, un marco ostenta el escudo de los de Ovando rodeado de rollos y motivos frutales. Los tableros de los "muñecos" completan un revestimiento en el que el barro alterna con mosaicos en azul y blanco, en amarillo y verde.

Casa de los Muñecos. Los hijodalgos sostienen la cornisa mixtilínea. Las consejas cuentan que los de Ovando construyeron su casa más alta que las Casas Reales causando discordia en el ayuntamiento. Los muros de la fachada están cubiertos de grotescos personajes que el pueblo asegura se burlaban de los concejales. Para otros, los muñecos de talavera hechos por artesanos poblanos representan los doce trabajos de Hércules.

La planta principal corresponde al balcón corrido con forja de estilo flamenco, sobremontado de una doble cornisa de corte mixtilíneo y ondulante. La sostienen pequeños atlantes con atuendos a la española y guerreros en las cartelas. Las gárgolas de piedra terminan en cabezas de dragón, y el remate del pretil se corona con macetones.

Al patio se llega cruzando un arco rebajado muy abierto que sostiene la terraza. Una cornisa de hojarasca y mascarones recorre los cuatro costados. A un lado está la escalera, coronada por una bovedilla de pañuelo, con detalles de atlantes, sirenas y guirnaldas de argamasa. En un segundo patio la escalera tiene la forma de una torre con varios niveles y conduce a un balcón volado. Por sus proporciones, altura y atrevida traza, es un magnífico ejemplo de casa señorial.

Izquierda: Retrato de María Dolores Ygnacia Rosa Loreto, 1793, tatarabuela de la señora Carmen Pérez de Salazar de Ovando, posando junto a una cómoda-escritorio de marquetería del siglo XVIII. Autor anónimo.

Cómoda-escritorio de marquetería poblana del siglo XVIII con jaladeras de plata, misma que aparece en el retrato anterior. Los personajes grabados en el espejo doble representan los trabajos de Hércules, y son similares a los de la fachada de la Casa de los Muñecos.

Escalera del segundo patio en la Casa de los Muñecos.

Abundan otros ejemplos como el Alfeñiquito, la casa de los Alvarez o la de El Raboso, con doble cornisa de línea quebrada, o la casa de Gavito, cuyo tejaroz arqueado se extiende sobre el balcón. La entrada de la casa del general San Martín, conocida por sus gárgolas de piedra y el enorme escudo sobre la cornisa, está flanqueada por pilastras de argamasa en forma de trenza y un balcón de esquina con delicado trabajo de forja.

El Palacio de Justicia, o Antiguo Colegio de San Pantaleón, fue remodelado y ampliado por el obispo Alvarez de Abreu. Es de

Escribanía en marquetería poblana de madera y hueso esgrafiado. El interior de las puertas, en laca roja con escenas del río Cuespalapa pintadas en dorado, es de clara influencia oriental. Salón rojo del Museo Bello.

gran lujo, con la sobriedad de la piedra y el revestimiento de ladrillo hexagonal sin azulejos. La fachada, del arquitecto Santa María, tiene en sus extremos voluminosos coronamientos que rompen con la horizontalidad del edificio.

Una casa extraordinaria del más puro estilo poblano es la que hiciera construir el marqués de Orizaba, en 1751, en la Ciudad de México. Se trata de la Casa de los Azulejos, hoy Sanborn's de Madero. Las fachadas recubiertas totalmente de mosaicos en azul y blanco están aderezadas de estípites, jambas y cornisas de cantera.

Consola poblana de maderas finas incrustadas. Los platos de porcelana azul llegaron en la nao de China. Comedor de Lolita Miranda de Creel.

Las familias poblanas fueron mecenas que impulsaron los talleres artesanales donde convertían los objetos de uso diario en obras de arte. El diseño geométrico de los muebles es de origen mudéjar, con influencias francesa e inglesa *chippendale* en la ornamentación.

La ciudad adquirió su fisonomía y se veía pasar el tren de mulitas por la 2 Poniente; los aguadores acarreaban sus cántaros desde las fuentes públicas hasta cada casa. Sobre los adoquines marchaba el sereno para encender el farol de gas; es el tiempo de las serenatas.

El siglo culmina con la efervescencia de ideas nuevas. La ideología de la Ilustración, la Revolución Francesa y la expulsión de los jesuitas dividen a la población en las más recalcitrantes y opuestas facciones: conservadores y liberales. Los jueves por la tarde pasean las carretelas alrededor del Paseo Viejo del barrio de San Francisco, se comentan los libros traídos de ultramar y se intercalan algunas frases en francés... un viento nuevo anuncia el cambio.

El siglo dieciocho produjo en Puebla la artesanía que la hace famosa. Herrajes espléndidos ornaron los balcones. Las fábricas de loza de talavera llegaron a ser 264. A los diseños tradicionales en azul y blanco se añadieron los amarillos, verdes y rojo óxido. Se fabricaron mosaicos, vajillas, lebrillos, botámenes y tibores. Museo Amparo.

Mesa en estilo poblano de la época, con patas de águila. Se produjeron además cómodas, sillas y bancas, y algunos muebles que recuerdan al barroco español como el frailero o los bargueños y los muebles de marquetería. En este siglo, la platería y la escultura estofada tuvieron gran auge.
Oleo de Nuestra Señora del Rosario en un magnífico marco churrigueresco dorado de hoja. Sala del siglo XVIII del Museo Amparo.

Del neoclásico al *art-déco*
La casa de los siglos XIX y XX

Verde, blanco y colorado, un arco de triunfo de follaje y flores recibe al primer jefe del Ejército Trigarante en esta Puebla de los Angeles, que orgullosa festeja la Independencia. Después del Te Deum, al fin, las fuerzas españolas han capitulado: doble celebración, chiles en nogada para don Agustín de Iturbide.

El siglo XIX fue una sucesión interminable de luchas e inestabilidad. La ciudad que había sido cuna de los más radicales liberales y conservadores se recuperaba de una guerra y caía en otra. Una nación se inventa; en pocas décadas se ven pasar hordas de uniformes en defensa de la monarquía, la independencia, la república, la soberanía... Del puerto de Veracruz llegaban noticias de embarcar y desembarcar soldados bajo una y otra bandera. Las fábricas y el comercio se estancaron; cuestión de adaptarse a las circunstancias, sobrevivir y esperar tiempos mejores.

Abundan las crónicas de los viajeros que pasaron por Puebla en ese tiempo. La marquesa Calderón de la Barca habla de las "regulares y limpias calles entre grandes casas y magníficas iglesias". Von Humboldt describió la amplitud del valle poblano y la riqueza de sus recursos.

Detalle del portón neoclásico representando a Apolo, en la 4 Oriente esquina con 2 Norte.

En los patios del siglo XIX encontramos una gran diversidad de escaleras.

Con la desaparición del monopolio español y la llegada de los extranjeros se modernizó la industria con la nueva tecnología y la visión empresarial. Tras el ejemplo de los de Antuñano en La Concordia, o el de los de Velasco en El Patriotismo, se mecanizó la industria algodonera. Una ciudad arruinada, cuya población disminuyó a menos de la mitad a principios de siglo por epidemias y guerras, para 1850 había recuperado su dinamismo.

La defensa de la ciudad era historia de todos los días. A la intervención norteamericana siguió la francesa. El 5 de mayo de 1862, las fuerzas bajo el mando del general Ignacio Zaragoza vencen en el histórico sitio de Puebla, esa Puebla que luchó encarnizadamente contra el invasor y luego preparó arcos de flores, guirnaldas, carruajes y escudos para recibir a Maximiliano y Carlota.

Otro momento de optimismo fue la inauguración del Ferrocarril Mexicano, el 16 de septiembre de 1869, seguida de una representación lírica en el teatro Guerrero, con sus palcos revestidos de los emblemas nacionales, y un baile en la Alhóndiga donde cortinajes, terciopelo y candiles hicieron gala del lujo poblano.

Las guerras de Reforma y la consiguiente expropiación de los bienes del clero habían llevado a la religiosa Puebla a una profunda transformación. El estado debía reemplazar las funciones administrativas, hospitales y escuelas, de acuerdo con el nuevo espíritu liberal.

Porfirio Díaz instauró un gobierno duradero, y la llamada "paz porfiriana" fue el periodo de estabilidad que permitió a los poblanos recuperar su pujanza industrial y comercial. El auge económico aportado por el ferrocarril dio a las fábricas y a las haciendas la posibilidad de elevar la producción a niveles sin precedentes.

La riqueza permitió al gobierno proyectar una ciudad según los ideales modernos. El gobernador porfirista Muncio Martínez remodeló el zócalo. En 1888, don Sebastián de Mier instaló el sistema de alumbrado eléctrico. En 1893, se inauguró la primera central telefónica y en 1896 el tren de mulas. Llegaron arquitectos extranjeros como Charles Hall quien construyera el Ayuntamiento y participara en numerosas remodelaciones en las casas del Antiguo Camino a Cholula, transformado en la elegante calle de la Independencia, que luego se llamaría Reforma. Fue el tiempo en que México quiso ser como París y Puebla como México.

Espléndida hospitalidad poblana. Comedor estilo renacimiento de don Carlos Haghenbeck. El centro de mesa y los candelabros son de plata colonial sobre un mantel de lino bordado a mano.

Francia fue el modelo para los constructores que adoptaron balcones con balaustradas, frontones clásicos, mansardas y torrecillas, pilastras de capiteles mixtos, rejas que ondulan en espiral, puertas talladas de madera coronadas de laurel y aldabas en forma de pez o de león.

Dos arquitectos poblanos de la época son Carlos Bello y Eduardo Tamariz, quien construyó la maternidad y la cárcel. En la casa que hoy conocemos como Palacio del Congreso aplicó las ideas orientalistas de fin de siglo que había aprendido durante su estancia en Europa, creando un estilo mudéjar "a la poblana" que luego se adoptaría en otros interiores.

El deseo de hacer de Puebla una ciudad cosmopolita y contemporánea reunió una cartera de estilos. Se tomó de aquí y de allá, en ese eclecticismo muy de la época, que llevó a recrear un salón rococó junto a un neogótico y otro *art-nouveau*.

El afrancesamiento creó todo un estilo de vida en la decoración, el vestuario, la repostería y aun en el lenguaje. Los señoritos

El famoso almacén "Las fábricas de Francia" de estructura de fierro importada de París por los ingenieros Maurer, hoy alberga a la Fundación Mary Street Jenkins, dedicada a la conservación del patrimonio cultural poblano.

El art-nouveau *se manifiesta en las barandas de los balcones del siglo XIX en esta casa de estilo neoclásico.*

Páginas siguientes: La casa de don Marcelino García Presno. En el magnífico patio neoclásico cubierto con marquesinas y muros pintados destaca la escalera imperial de doble vertiente. El corredor circunda el patio con un barandal que aún conserva los maceteros.

van a estudiar a Europa y traen nuevas ideas políticas, de libre empresa, y nuevas técnicas de producción. Sus hermanas aprenden francés, tocan piano o mandolina en las tertulias donde uno de los tíos recita versos y el maestro de belcanto reúne los cuartetos. En la mesa se sirven vinos españoles y franceses traídos en barrica y embotellados en casa.

Para los Pérez de Salazar el día comenzaba con el repique de las campanas para la misa de siete en Catedral. Regresaban a pie a la Casa del Deán para un desayuno con pan dulce, tamales y chocolate, preparaban portaviandas para los pobres y antes de salir a la hacienda recibían al señor obispo a comer. Los Solana iban a la Concepción, les quedaba más cerca. Todos los conocían por sus caballos adornados con cascabeles para salir al paseo.

Por las tardes, después del rosario, se visitaba a parientes y amigos. Entre el humo de una taza y esos dulces caseros, receta de la bisabuela, se comentan las noticias de Puebla, México y España.

Izquierda: Escalera imperial de estilo neoclásico en la casa llamada de la Reina, donde se albergó la emperatriz Carlota en su paso por Puebla. La escalera, enmarcada por dos farolas de hierro fundido, se inicia en el arco rebajado, ricamente decorado con yesería pintada y dorada.

El artesonado romántico del plafón refleja su diseño en el parquet.

Al fondo del corredor, a través de las puertas con vidrios biselados y grabados, se aprecia el lambrín del comedor. A los lados de la puerta central se observan dos frescos románticos.

En la casa de la familia Caso, remodelada por los arquitectos Tamariz y Arpa, el corredor se protege bajo una marquesina de vidrio armado que se abre en forma de concha sobre el nicho central.

El arquitecto español Arpa impone la moda de los salones de juego estilo mudéjar. Yesería árabe de impresión y lambrín de azulejos, importados del Medio Oriente; piso y columnillas en ónix de Tecali.

Izquierda: Salón principal de la familia Caso, con plafón y muros en artesonado de estilo francés, estuco decorado con motivos románticos. Recámara azul, tapizada en brocado de seda. Muebles capitonados de la época. La mezcla de estilos del mobiliario denota el alma de coleccionista del poblano.

Cancel en madera tallada de estilo victoriano. La casa poblana contaba con un despacho en la planta baja, donde se administraba el negocio familiar.

Casa Cué. El baño art-déco *con emplomado en el techo que tiene una sirena de doble cola y cara a la Boticelli.*

Derecha: En el comedor sobresalen el centro de mesa y la lámpara, estilo art-nouveau, *al igual que el resto del mobiliario. Muros pintados al fresco estilo romántico.*

Mezcla de estilos del romántico al art-déco. *Los objetos y bibelots de Sèvres o Meissen se combinan bajo el plafón de la ninfa.*

Corredor de la casa de don José Cué, remodelada en 1905 por el arquitecto Carlos Bello. Barandal con chapetones de plomo forjado y macetones de talavera; el cancel de madera da acceso al comedor de estilo romántico y art-déco.

205

Salón fumador del señor Adrián Reynaud, estilo art-nouveau *poblano. El espejo enmarcado por figuras esfumadas refleja un magnífico emplomado de Jean Loreaux.*

Izquierda: Raro ejemplar de un baño romántico en la Casa Reynaud, que aún conserva el estucado de sus paredes con decorados bucólicos, azulejos austriacos y tina de fierro porcelanizado.

La recámara romántica de la que podría haber sido la quinceañera de la casa. La cama de palo de rosa, con sábanas de lino bordadas con encaje de Brujas, entre muros enmarcados de rocaille.

Salón de música de la Casa Reynaud, con vista hacia la Reforma, en tonos pastel, con pesadas cortinas de terciopelo y damasco bordadas y rebordadas con galones y cordones. La yesería de hojarasca en las paredes enmarca escenas musicales y busca el balance de elementos decorativos.

Los actos públicos eran ocasión para salir en un *landau* o un *coupé*, luciendo levita o con grandes sombreros de plumas. Competían en elegancia por sus casas, sus fábricas y sus haciendas. Los vestidos y géneros se encargaban a París. Otros venían de la casa de modas de Michel Combé en la Ciudad de México. No se descuidaba detalle en botines, guantes y sombrillas.

Para las fiestas del Centenario de la Independencia, en 1910, se inauguraron obras por toda la ciudad: la Alameda frente al templo de Guadalupe, los monumentos en la Avenida Juárez, el reloj del gallito, regalo de la colonia española, quioscos y pista de patinar. En las bancas del Paseo Bravo se retrataban personajes típicos como la china poblana. Cuando se hizo el concurso para determinar el traje nacional, Puebla ganó por la falda bordada de lentejuela con el calendario azteca y el escudo nacional, en verde, rojo y plateado. Las variantes agregan nopales, indios, mariposas y flores. La blusa es de seda blanca, la faja roja. El pelo se trenza con listones, el collar es de papelillo, los aretes de jicaritas, el rebozo de bolita, de Santa María. El charro lleva pantalón rayado, alamares y botonadura de plata en el saco, sombrero adornado y, por corbata, un lazo tricolor.

Con el despojo de las haciendas en la Revolución las viejas familias quedaron arruinadas. Muchas partieron a México y un segundo grupo se instaló en Puebla —algunas españolas, otras libanesas— y sentaron las bases de la industria poblana de este siglo.

El *art-nouveau*, la geometría del *art-déco* y el mobiliario de la época se mezclan en un estilo muy poblano. En la casa de los hermanos Rangel Muñoz atravesamos una reja *art-nouveau*, el corredor del patio tiene cornisas y arbotantes *art-déco* y nos lleva a una sala romántica con lunas y candiles, inspirada en Versalles.

Puebla entra en una nueva etapa. El paisaje urbano es el mismo tejido de muros, patios y campanarios llenos de historia. Por estas calles cabalgaron los personajes de ayer, se vieron pasar virreyes, obispos, religiosos, universitarios, viajeros y soldados, el paso del sereno, el catrín y el petimetre, los rebozos de colores y las canastas desbordando con la compra del mercado. Puebla, siempre la misma; Puebla, siempre nueva.

Corredor art-déco *de la casa de Guilebardo Rangel, quien perfeccionó desde su casa de la 4 Poniente el sistema telegráfico y telefónico inalámbricos en plena Revolución Mexicana. Capta y divulga la noticia del inicio de la Primera Guerra Mundial.*

Páginas siguientes: Art-déco *en el muro como en la banca dorada.*

El barandal art-nouveau *circunda el corredor* art-déco *que conduce al comedor.*

Pericos en el corredor de la Casa Rangel.

Derecha: Salón verde veronèse de estilo versalles con estucos y artesonado. Las lunas belgas reflejan el candil de Baccarat, y las puertas de caoba tallada por artesanos poblanos están engalanadas con cortinajes de seda, cordones y borlas. Al centro, el reloj de bronce dorado, obsequio de Maximiliano y Carlota.

217

Glosario

Acocote. Guaje largo con que se recoge el aguamiel del maguey.

Aguamiel. Jugo del maguey sin fermentar.

Ajedrezado. Diseño de cuadros alternados como las casillas del ajedrez.

Alarife. Maestro, oficial o arquitecto que realiza una construcción.

Alero. Parte inferior del tejado que sobresale de la pared y sirve para desviar el agua de lluvia.

Alfarje. Techo de madera labrada y entrelazada.

Aljahuetear. Acción de recubrir con barro una pared de varas, alisándolo con las manos.

Anafre. Hornillo de piedra, barro o ladrillo.

Argamasa. Mezcla de cal y arena.

Art-déco. Arte decorativo francés de los años treinta, de formas geométricas.

Art-nouveau. Arte decorativo francés de principios de siglo, de formas alargadas y ondulantes y motivos florales.

Ataurique. Ornamentación de estilo árabe realizada en yeso, con motivos de hojas y flores.

Bajareque. Pared de palos entretejidos con caña y barro.

Balaustrada. Barandilla con antepecho y zócalo que bordea escaleras, corredores, balcones y azoteas.

Barroco andaluz. Estilo arquitectónico muy ornamentado de la última época del Renacimiento, con fuerte influencia mudéjar.

Calpanería. Conjunto de casas donde viven los peones de una hacienda.

Calpulli. Sistema de tenencia de tierras prehispánico.

Capilla posa. Construcción ubicada en las esquinas del atrio de los conventos del siglo XVI.

Cartela. Ménsula de más altura que vuelo.

Cencali. Silo de adobe para almacenar maíz.

Cempasúchil. Flor de color anaranjado encendido, de olor penetrante, que se usa en las fiestas de muertos.

Claustro. Galería o arcada que cerca el patio principal de un convento.

Columna toscana. Columna de fuste liso con capitel sencillo.

Columna salomónica. Columna de fuste retorcido, de sección semicircular, llamada así por las del templo del rey Salomón.

Cornisa. Conjunto de molduras que sirven de remate.

Cúpula. Bóveda de planta circular.

Cuescomate. Troje de adobe en forma de tinaja para almacenar maíz.

Chacuaco. Chimenea de un ingenio azucarero.

Churrigueresco. Estilo arquitectónico que creó el arquitecto Churriguera en España, caracterizado por decoración excesiva, dorados estofados, ángeles, guirnaldas, follaje, uso de estípite como apoyo, pilastras, nichos.

Dintel. Parte superior de puertas o ventanas.

Manierismo. Movimiento artístico que predominó en Italia durante el siglo XVI, como reacción a los cánones clasicos del Renacimiento. Se caracteriza por su afectación.

Estuco. Revestimiento decorativo de yeso blanco, cola y aceite de linaza.

Galón. Tira tejida gruesa de seda para adornar cortinajes y tapicería.

Grutesco. Decoración caprichosa de bichos, sabandijas, quimeras y follajes, llamada así por ser imitación de la encontrada en la gruta del palacio de Tito, en Roma.

Guaje. Calabazo seco que sirve de jícara o para extraer el aguamiel del maguey.

Guaro. Aguardiente de caña de azúcar.

Hojarasca. Ornamentación a base de hojas o vegetales.

Hornacina. Nicho en la pared para colocar una escultura o un jarrón.

Huipil. Camisa que usan las indígenas, hecha en telar y bordada a mano.

Ixtle. Fibra que se extrae de la penca del maguey.

Jacal. Casa de varas o carrizo, propia de las zonas cálidas.

Jamba. Cada uno de los elementos verticales de mampostería, ladrillo o madera que sostienen un arco o dintel de puerta o ventana.

Jagüey. Depósito para almacenar el agua de lluvia.

Machero. Lugar donde se guardan los animales de tiro.

Mampostería. Piedra sin labrar aparejada en forma irregular.

Mansarda. Techo de vertientes quebradas.

Mazorca. Espiga del maíz.

Ménsula. Elemento arquitectónico en piedra o madera que sostiene balcones, techos o repisas.

Metate. Piedra volcánica utilizada para moler el maíz y preparar la masa.

Mesote. Penca seca del maguey que se usa como madera para construir o quemar.

Neoclásico. Estilo arquitectónico inspirado en los clásicos griego y romano.

Neutle. Pulque o vino de maguey.

Nixtamal. Maíz remojado con agua caliente y cal para preparar la masa.

Palapa. Techo de carrizo y palma tejida.

Parihuelas. Palos en los que se apoyan ollas o cántaros pesados.

Pegostre. Piezas de yesería o argamasa pegadas o adosadas.

Petatillo. Forma de colocar los ladrillos que recuerda el tejido de palma de los petates o esteras.

Pilastra. Columna cuadrada.

Pinjante. Adorno que cuelga en muros, cornisas o techos.

Pita. Planta de zonas áridas, originaria de México, de la que se obtiene fibra para hacer cordeles.

Pitahaya. Especie de tuna color púrpura, de sabor dulce y perfumado.

Plateresco. Estilo arquitectónico que recuerda los trabajos de repujado de la platería, caracterizado por la columna candelabro y la decoración en relieve.

Quexquémil. Prenda de vestir tejida y bordada en forma de pico.

Rajueleo. Pequeñas lajas colocadas en las juntas del adobe para reforzarlo.

Rocaille. Decoración inspirada en el arte chino, que imita los contornos de piedras, utilizado en el periodo de Luis XV.

Rodapié. Friso o zócalo en una pared que sirve de protección o adorno.

Sillero. Habitación donde se guardan las sillas de montar.

Sotolín. Palmera silvestre con que cubren sus casas los popolocas del valle de Tehuacán.

Tamal. Pan de harina de maíz cocinado al vapor, de sabor dulce o salado.

Tecuil. Fogón formado por tres piedras.

Tejaroz. Alero del tejado.

Tejamanil. Tabla delgada y cortada en tiras que se colocan como teja en los techos.

Temanaxtle. Piedra de origen volcánico que resiste el calor y que forma el fogón.

Temascal. Pequeña construcción de piedra en forma redonda, utilizada como baño de vapor.

Terrazguero. Labrador al que se le presta una tierra para que la siembre.

Tianguis. Mercado semanal popular.

Tinacal. Construcción donde se fermenta el jugo de maguey para hacer el pulque.

Tlachiquero. Hombre que extrae la miel del maguey.

Totomoxtle. Hoja de maíz seca.

Trapiche. Piedra de molino para extraer el jugo de la caña de azúcar.

Xalnene. Piedra calcárea de Xonaca de la que se fabrican macetones.

Yolispa. Flor que le da nombre a una bebida alcohólica de dieciséis yerbas aromáticas en la sierra de Cuetzalan.

Zontle. Silo para almacenar el maíz.

Bibliografía

Almendaro, José Pablo y Luciano Arroyozarco. "Memorias de una ilustre familia durante el Segundo Imperio", *La Opinión de Puebla*, Puebla, Boletín de la Sociedad Mutualista, s/f.

Altamirano, Ignacio Manuel. *Crónica de las fiestas de septiembre en México y Puebla, 1869*, Puebla, Secretaría de Cultura/Gobierno del Estado, 1987.

Amerlinck, María Concepción. *Conventos y monjas de la Puebla*, Puebla, Secretaría de Cultura/Gobierno del Estado, 1988.

Angulo Iñiguez, Diego. "La arquitectura del siglo XVIII en Puebla", *Historia del arte hispánico*, Barcelona, Salvat Editores, 3 vol., 1950.

Azar, Héctor. *Teatro al azar. Dramaturgia de Héctor Azar*, Puebla, Gobierno del Estado/INAH, 1990.

Bermúdez de Castro, Diego Antonio. *Teatro angelopolitano*, Puebla, JMMC del Estado, 1985.

Burgoa, Fray Francisco. *Geográfica descripción*, México, Editorial Porrúa, Biblioteca Histórica, 2 tomos, 1907.

Calderón de la Barca, Marquesa. *La vida en México*, México, Editorial Porrúa, Biblioteca Histórica, 2 tomos, 1976.

Calderón, Juan Alonso. *Memorial histórico de la Santa Iglesia Catedral de la Puebla de los Angeles en la Nueva España, 1651*, Puebla, Secretaría de Cultura/Gobierno del Estado, 1700.

Cervantes, Enrique. *Bosquejo del desarrollo de la ciudad de Puebla*, Puebla, Secretaría de Cultura/Gobierno del Estado, 1990.

Ciudad Real, Antonio. *Tratado curioso y docto de la grandeza de la Nueva España*, México, UNAM, 2 tomos, 1976.

Covarrubias Ibarra, Luis. *Mi patria chica*, edición facsimilar, Puebla, Secretaría de Cultura/Gobierno del Estado, 1990.

Cuenya Mateos, Miguel Angel. *Fiestas y virreyes en la Puebla colonial*, Puebla, Secretaría de Cultura/Gobierno del Estado, 1989.

Díaz de Urdanivia Alarcón, Teresa. *Puebla fácil y grandiosa*, Puebla, Guía Práctica de la ciudad de Puebla, s/f.

Echeverría y Veitia Fernández, Mariano. *Historia de la fundación de la ciudad de la Puebla de los Angeles*, Puebla, JMMC del Estado, 2 tomos, 1980.

Gamboa Ojeda, Leticia. *Los empresarios de ayer. El grupo dominante en la industria textil de Puebla 1906-1929*, Puebla, UAP, 1991.

Garibay K., Angel María. *Diccionario Porrúa. Historia, biografía y geografía*, México, Editorial Porrúa, 2 tomos, 1964.

Gemmelli Carrieri, Giovanni. *Viaje por la Nueva España*, México, Editorial Jorge Porrúa, 1927.

Haciendas in Central Mexico from Late Colonial Times to the Revolution, Amsterdam, Centro de Estudios y Documentación Latinoamericana, 1982.

Horz de Vía, Elena. *Testimonios de viaje*, México, Cartón y Papel de México, 1989.

Horz de Vía, Elena, et.al. *Haciendas, herencia mexicana*, México, Grupo Aluminio, 1988.

Humboldt, Alexander von. *Ensayo sobre el estado político del reino de la Nueva España*, México, Editorial Porrúa, Colección Sepan Cuántos, 37, 1966.

Ibáñez G., Rafael. *La arquitectura colonial en Puebla*, Puebla, Talleres de la Revolución, Mignon, 1949.

Ibarra Mazari, Ignacio. *Crónica de la Puebla de los Angeles*, Puebla, Gobierno del Estado, Ediciones Quinto Centenario, 1990.

Jesús María, Félix de. *Vida, virtudes y dones sobrenaturales de la ven. sierva de Dios, Sor María de Jesús*, Roma, Joseph y Phelipe de Rossi, 1756.

Katzman, Israel. *Arquitectura en México del siglo XIX*, México, UNAM, 1973.

Kelemen, Pál. *Barroque and Rococo in Latin America*, Nueva York, Dover Publications, 2 tomos, 1967.

Keller, Suzanne. *El vecindario urbano*, México, Siglo XXI Editores, 1979.

Leicht, Hugo. *Las calles de Puebla*, Puebla, Ediciones Quinto Centenario, 1990.

León, Nicolás. *Catarina de San Juan y la China Poblana*, Puebla, Ediciones Altiplano, 1971.

Lewis, Oscar. *Antropología de la pobreza*, México, FCE, 1983.

Lut Arzulide, Germán. *Puebla, síntesis histórica y geográfica del estado*, México, SEP, 1946.

Márquez Montiel, Joaquín. *Hombres célebres de Puebla*, México, Editorial Jus, 2 tomos, 1955.

Masefield, John. *The Principal Navigation Voyages: Traffique Discoveries*, Londres, Dent & Son, Ltd., tomo I, 1927.

Mayer, Franz. *México, lo que fue y lo que es, 1844*, México, FCE, 1953.

Motolinía, Fray Toribio. *Memoriales*, México, Editorial Porrúa, 1970.

Moyssén, Xavier. *Arte mexicano, siglos XIX y XX*, México, Salvat Mexicana, 3 tomos, 1982.

Nickel, Herbert J. *Morfología social de la hacienda mexicana*, México, FCE, 1988.

Palacios, Enrique J. *Puebla y su territorio*, Puebla, Centro de Estudios Históricos, 1971.

Palafox y Mendoza, Juan de. *Historia real sagrada, luz de príncipes y súbditos*, Ciudad de los Angeles, Francisco Robledo, 1643.

Perm, Hanns J. *Milpa y hacienda: tenencia de la tierra indígena y española en la cuenca del Alto Atoyac 1520-1650*, Puebla, Gobierno del Estado, Ediciones Quinto Centenario, 1991.

Ponce, Fray Alonso. *Viaje a la Nueva España*, prólogo de Andrés Henestrosa, México, SEP, 1979.

Prieto, Guillermo. *Recuerdo el 2 de abril de 1867*, Puebla, Secretaría de Cultura/Gobierno del Estado, 1988.

Prieto, Valeria y Pedro Ramírez Vázquez. *Arquitectura popular mexicana*, México, SAHOP, 1982.

Prieto, Valeria y Pedro Ramírez Vázquez. *Vivienda campesina en México*, México, SAHOP, 1976.

Primer almanaque histórico de la ciudad de Puebla, Puebla, Benito Pacheco Editores, 1896.

Puebla, siglo XIX, documentos del simposium, Puebla, CIHS, ICUAP, UAP, 1983.

Rojas, Pedro. *Arte colonial mexicano*, México, Editorial Hermes, 1963.

Sánchez Flores, Ramón. *Historia de la tecnología y la invención en México*, México, Fomento Cultural Banamex, 1980.

Santamaría, Francisco J. *Diccionario de mejicanismos*, México, Editorial Porrúa, S.A., 1992.

Sobera Nevares, Alfonso. *Apuntes históricos del teatro Principal*, Puebla, Boletín de la Sociedad Mutualista, 26 de octubre de 1960.

Spota, Felipe. *Puebla, joyel de arquitectura colonial*, Puebla, R. Hernández, 1945.

Teixidor, Felipe. *Biografía de Catalina de San Juan*, México, Colección Florencio Gavito, 1961.

Toussaint, Antonio. *El plateresco en la Nueva España*, México, Editorial Innovación, 1979.

Toussaint, Manuel. *La catedral y las iglesias de Puebla*, México, Editorial Porrúa, 1960.

Toussaint, Manuel. *El arte mudéjar en América*, México, Editorial Porrúa, 1946.

Toussaint, Manuel. *El arte colonial en México*, México, UNAM, 1990.

Toussaint, Manuel. *Claudio de Arciniega, arquitecto de la Nueva España*, México, UNAM, 1981.

Ward, Henry George. *México en 1827*, México, SEP, Lecturas mexicanas núm. 73, 1981.